# A República
# de chinelos

Luciana Villas Bôas

# A República de chinelos

Bolsonaro e o desmonte da representação

Posfácio de Newton Bignotto

editora■34

EDITORA 34

Editora 34 Ltda.
Rua Hungria, 592  Jardim Europa  CEP 01455-000
São Paulo - SP  Brasil  Tel/Fax (11) 3811-6777  www.editora34.com.br

Copyright © Editora 34 Ltda., 2022
*A República de chinelos* © Luciana Villas Bôas, 2022

**A FOTOCÓPIA DE QUALQUER FOLHA DESTE LIVRO É ILEGAL** E CONFIGURA UMA
APROPRIAÇÃO INDEVIDA DOS DIREITOS INTELECTUAIS E PATRIMONIAIS DO AUTOR.

A publicação deste livro contou com o apoio da FAPERJ.

Capa, projeto gráfico e editoração eletrônica:
*Franciosi & Malta Produção Gráfica*

Revisão:
*Clara Kok, Alberto Martins, Beatriz de Freitas Moreira*

1ª Edição - 2022

CIP - Brasil. Catalogação-na-Fonte
(Sindicato Nacional dos Editores de Livros, RJ, Brasil)

Villas Bôas, Luciana
V556r    A República de chinelos: Bolsonaro
e o desmonte da representação / Luciana
Villa Bôas; posfácio de Newton Bignotto —
São Paulo: Editora 34, 2022 (1ª Edição).
112 p.

ISBN 978-65-5525-098-5

1. Estética e política. 2. Republicanismo.
3. Brasil - História - Século XXI. 4. Filosofia
política. I. Bignotto, Newton. II. Título.

CDD - 320

# A República de chinelos

A República de chinelos .................................... 9
Armas sobre a urna ............................................ 45

Posfácio, *Newton Bignotto* ................................. 95

*Bibliografia* ............................................................ 102
*Sobre a autora* ....................................................... 107

para Max e Joaquim

# A República de chinelos

1. Maquinaria simbólica

Se alguém me perguntasse se é possível atribuir algum mérito ao atual governo, eu diria — contornada a má vontade inicial — o seguinte: talvez o único mérito do atual governo, e sobretudo do seu representante máximo, seja a demonstração desconcertante do poder dos símbolos e das imagens na política. O atual presidente está empenhado em cometer infrações sistemáticas da "liturgia do poder". Ele se coloca acima, ou abaixo, se preferirem, das mais elementares convenções, às quais nem mesmo os ocupantes mais impertinentes do cargo jamais consideraram desobedecer. Não importa tanto saber se a quebra de "decoro" é ou não gratuita, a reação espontânea da natureza inepta do indivíduo em questão ou o resultado de uma coreografia do poder ditada por algoritmos. Mais urgente neste momento é tentar perceber o que está em jogo nesse "exercício" do cargo de presidente da República. Estamos assistindo a uma mudança estrutural da simbologia do poder ou ao arrefecimento do poder da simbologia?

Afinal, o que o presidente de chinelos no Palácio da Alvorada, filmado na área de serviço, ou fazendo pronunciamentos em baixo calão está "representando"? O que ele está deixando de representar? Não se trata aqui de condenar o displicente apego a chinelos, o "compartilhamento" da privacidade doméstica ou o triunfo da ineloquência do palavrão. Trata-se de apreender o significado, a função da forma de representação, de fenomenação (perdoem-me o neologismo), do atual governante para os cidadãos e as instituições da República. *Representação* diz respeito, antes de mais nada, à possibilidade de tornar presente algo que está ausente. Através da representação é possível imaginar que algo ausente está, ao mesmo tempo, presente. Assim, o indivíduo Jair Bolsonaro pode ser, empiricamente, o "representante" de uma noção abstrata, a presidência da República. Na democracia, não é ocioso lembrar, o presidente deve a sua função representativa à realização do princípio da soberania popular. Note-se que a efetividade da representação supõe uma intrínseca duplicidade: por um lado, a representação envolve necessariamente uma determinada esfera de valores democráticos, republicanos; por outro, o representante reclama para si a autoridade e a dignidade de poder corporificá-los.

Acho que ninguém contestaria a afirmação de que os modos de personificação e encenação do poder atualmente vigentes no Brasil são uma novidade. Como toda novidade, a novidade em questão é paradoxal. Ela resulta da combinação de elementos novos e de elementos previamente dados, da reprodução não convencional de convenções, da premeditada confusão de códigos, da intencional quebra de previsibilidade. Vemos nos chinelos, na área de serviço e no baixo calão a irrupção de algo externo à ordem habitual, ao *mainstream* representacional, um claro desvio do "normal". Será que diante dessa transgressão da ordem simbólica, não conformistas e progressistas, predispostos sempre a saudar o novo, estariam sendo desafiados a afirmar, a defender a simbologia do *status quo*? A nova fenomenologia da representação política levaria a enxergar na "tradição" não apenas a perpetuação de assimetrias e exclusões, mas também a partilha da liturgia do poder, através da encenação convencional de normas e de valores? A original e transgressora encenação do poder, à qual assistimos espantados, parece sugerir que vale a pena abraçar o que o presidente está deixando para trás.

Para fazer isso seria preciso descrever e explicar o que se perdeu com a aparição extemporânea dos chinelos, do estendedor de roupas e do palavrão. Seria preciso esboçar o significado convencional dos calçados, da separação entre público e privado, e do pronunciamento à nação. Seria preciso estudar a maquinaria simbólica do poder, trazer à tona as engrenagens da representação política. Pois é na existência normativa dessas engrenagens que reside a possibilidade da sua transgressão. São elas, e os valores aos quais se associam, o que está ameaçado de extinção. Em outras palavras: o que está em jogo no exercício de Bolsonaro é o princípio e a lógica da representação.

Não me refiro à representação no sentido mais corrente, predominante na ciência política, como o processo pelo qual se confere a alguém, a um "representante", um mandato para agir e falar pelos "representados". Refiro-me, sobretudo, à representação como encenação de meios que possibilitam a corporificação do poder, meios que são constitutivamente simbólicos, imaginários, teatrais. Refiro-me à dimensão que torna as "fictícias" instituições políticas "visíveis", isto é, perceptíveis. Este ensaio é apenas um primeiro esforço, um primeiro passo em direção a uma iconografia política do governo Bolsonaro. Experimenta delinear a "figura" da pessoa pública do presidente a partir de três elementos: o figurino, a cenografia e o discurso característicos da sua *mise-en-scène* pública. Como se verá, parte-se sempre de um detalhe para alcançar o todo, dos calçados e da roupa à corporificação do poder e à simbologia do cargo; da área de serviço e do palanque ao ordenamento simbólico-espacial do âmbito público-político; da linguagem chula em comunicação oficial à linha — hoje quase impossível de traçar, e tanto mais necessária — entre formalidade e informalidade.

## 2. Chinelos no Alvorada

A substituição de perucas, tafetás e corseletes da nobreza francesa por cômodos e solidários linhos e algodões tornou-se símbolo do fim dos privilégios do antigo regime. A singela túnica que Mao Tsé-Tung vestia ao proclamar a República Popular da China, no lugar dos suntuosos robes da dinastia Manchu, reformava a indumentária em símbolo da igualdade de todos os cidadãos e da sua identidade com o governante. Basta lembrar a Revolução Francesa, ou a Revolução Comunista da China, para conceber o papel do vestuário na expressão de convicções políticas. A própria memória que temos desses eventos indica a força simbólica do traje.

Diretamente ligados à instituição de uma nova ordem política, os exemplos acima também mostram que o vestuário é parte constitutiva da representação política — e que da representação depende a existência e a conservação dos respectivos regimes. Com efeito, a Revolução Francesa e a Revolução Popular Chinesa ajudam a compreender como as insígnias do poder correspondem a uma determinada imagem do corpo político, seja ele hierarquicamente estratificado ou igualitariamente distribuído. O tipo de constituição do corpo político, por sua vez, condiciona a natureza da relação entre governante e governado e, portanto, os valores que precisam ser articulados e visibilizados através da representação política. Se os valores do sistema representativo de uma monarquia e de uma república divergem, a lógica da representação do poder guarda um elemento em comum: a diferença entre o representante e o que ele representa. O rei ou o presidente não são um indivíduo privado, mas uma *função*, uma instância, definida justamente pelo todo político que ele representa. A associação entre a pessoa física e a pessoa política, o corpo físico e o corpo místico, Jair Bolsonaro e a República, precisa ser *encenada*. A representação enquanto encenação (mas não só) depende da maquinaria de símbolos, cerimônias e protocolos do *cargo*.

Houve quem afirmasse que, para justificar a monarquia de direito divino, Deus estampou um sinal de divindade na fronte e na face do soberano absoluto. Entretanto, as sofisticadas insígnias reais de Luís XIV da França sugerem que nem todos souberam enxergá-lo. No retrato mais famoso do monarca, pintado por Rigaud em 1701, são as insígnias reais — o manto, o cetro, a coroa, a espada — que conferem ao corpo físico, humano e mortal de Luís XIV a perene magnificência real. As insígnias reais (*regalia insignia*) literalmente transmitem e corporificam os atributos reais e o fundamento divino do poder soberano; *encenam* a estampa divinal que Bossuet acreditou ver no semblante do seu soberano.[1] O retrato de Luís XIV é um exemplo paradigmático do que é a maquinaria simbólica do cargo e serve de ponto de partida, e de contraponto, à imagem que será discutida.

No dia 14 de fevereiro de 2019 foi publicada uma fotografia oficial do presidente Bolsonaro e seus ministros no Palácio da Alvorada. A foto foi postada pelo então líder do governo na Câmara, Major Vitor Hugo, no Twitter (@MajorVitorHugo), no mesmo dia em que foi tirada, após uma reunião ministerial [ver imagem 1]. Foi uma das primeiras reuniões em que se discutiu o texto final da proposta de reforma da Previdência, a ser enviada para o Congresso no dia 20 de fevereiro. Bolsonaro aparece no centro, ladeado por seus ministros. Exceto pelo general Santos Cruz, cujo semblante é severo, estão todos sorridentes, em pose descontraída-formal. O conjunto dos funcionários do Estado transmite satisfação e confiança na reunião, na reforma em pauta, no futuro do governo recém-empossado. Além de alegres e confiantes, o presidente e seus ministros parecem já estar entrosados, perfeitamente à vontade. Alguns já tiraram o

---

[1] Christiane Hille, "Herrscherinsignien", em *Politische Ikonographie. Ein Handbuch*, Uwe Fleckner, Martin Warnke, Hendrik Ziegler (orgs.), t. 1, Munique, C. H. Beck, 2014, p. 491.

paletó, outros descruzaram os braços, o próprio presidente sequer calçou os sapatos: é o único que aparece de chinelos, com os dedos do pé desnudos. Também é o único que aparece de trajes informais. O mal-ajambrado paletó, longe de esconder, destoa e, por isso, ressalta o fato de que o presidente veste a camiseta de um time de futebol e uma descontraída calça de *nylon*. Fotografias tiradas durante a reunião mostram que a camiseta é do Palmeiras. Para os mais entendidos, uma camiseta não oficial do time. O fundo da fotografia não deixa dúvida sobre o lugar escolhido para o registro: os retratados estão no gabinete do presidente, em frente à tapeçaria de Di Cavalcanti, *Músicos*, ícone das obras de arte moderna que decoram o Palácio da Alvorada, a residência oficial do presidente da República. A fotografia leva o espectador ao coração, ao centro do centro do poder da nação.

O que significa o presidente de chinelos no Alvorada? Os chinelos são, antes de mais nada, uma quebra de protocolo. Uma audiência com o presidente no seu gabinete, ou qualquer outro evento oficial do governo, obedece a normas e ritos. Numa apostila da Escola de Governo do Distrito Federal, disponível *online*, lê-se que o "protocolo, cerimonial e etiqueta são o cerne de qualquer evento público e empresarial, dando-lhe forma e conteúdo". A notável equiparação entre evento público e empresarial deixa entrever a imagem de um governo "gestor" e, de fato, a escola de governo é ligada à Secre-

Imagem 1:
Bolsonaro e ministros no Palácio do Alvorada, 14/02/2019.

taria de Planejamento, Orçamento e Gestão. Sem entrar no mérito da analogia Estado/empresa, significativamente evocada na apostila, cabe sublinhar a oportuna e filosófica distinção feita pelo autor do texto e perguntar: os chinelos afetam a "forma e o conteúdo" do evento? É o momento de filosofar a partir destes termos. Suponhamos que a "forma" seja a roupa, os calçados, a cerimônia, o protocolo, o lugar, em suma, a maquinaria simbólica que "visibiliza" o cargo recobrindo o corpo físico do representante, "transformando" o indivíduo Bolsonaro em presidente da República. Suponhamos que o "conteúdo" seja essa transformação; e que a transformação seja o efeito esperado da representação. Temos, nesse caso, que concordar com a afirmação, levemente reformulada, de que "protocolo, cerimonial e etiqueta" definem a "forma e conteúdo" de todo evento público.

Vale a pena tentar fazer mais uma observação sobre a forma e os sapatos. Há quem acredite que sapato venha de *zapata*, uma palavra turca; outros a derivam do árabe ou do basco. Já a origem de chinelo, felizmente, é consensual: vem do latim *planella*, de *planus*, pelo italiano, *pianella*. Pela etimologia de chinelo retornamos seguramente ao rés do chão, ao começo da nossa discussão, e à seguinte constatação: são os calçados que separam literalmente o corpo físico do corpo político, o indivíduo Bolsonaro da sua função e do espaço em que ele deve exercê-la. A ausência dessa separação permite a intrusão, a revelação obscena do corpo do indivíduo Bolsonaro em pleno exercício, em plena fenomenação do "cargo" de presidente. O termo "obsceno" tem aqui um sentido técnico, específico, derivado do grego antigo. Serve para designar o que está fora da cena, estando sempre relacionado a uma aparição que revela os limites da representação. Obsceno aqui apontaria uma impropriedade, um entrave ao funcionamento da maquinaria simbólica do cargo. Os chinelos são impróprios, obscenos, porque evocam o corpo físico, doméstico e privado do indivíduo Bolsonaro durante o desempenho de uma função política, oficial e pública, numa fatídica reunião sobre o futuro da nação. O paletó, arranjado às pressas para a fotografia, delimita uma espécie de ambiguidade estrutural e, por isso, merece a nossa atenção. O paletó, ao contrário da camiseta, do moletom e dos chinelos Rider, é um elemento que faz o elo entre a figura do presidente e os demais elementos convencionais, protocolares, cerimoniais, visuais e até cromáticos que revestem e identificam os ministros e o espaço, a residência oficial do governante. O paletó expõe a ambiguidade simbólica e funcional de um sujeito que se apresenta de camiseta, chinelos e moletom, no papel de presidente, em reunião ministerial.

Mas, inspirados pelo espírito do tempo, o *Zeitgeist*, e a fraseologia do poder, poderíamos indagar: e daí? Qual o problema? A roupa é mera externalidade, pura formalidade do poder. Uma prerrogativa das elites. Uma convenção a serviço da simbologia do *mainstream*. Um atributo da classe política, corrupta, sensacionalmente criminalizada, degradada a parasitas que deveriam estar atrás das grades. Finalmente, surge no poder alguém de fora, alguém simples, torcedor de futebol, apreciador do moletom, adepto dos chinelos Rider. Alguém como nós. Não alguém acima de nós. Não alguém que sob a alegação de nos representar fatalmente irá nos usurpar. O problema é que o presidente é um servidor do Estado e o Estado diz respeito a todos os cidadãos da República, inclusive aos que não são torcedores do Palmeiras, aos que não gostam de futebol, têm alergia a moletom de *nylon* e preferem as sandálias Havaianas. As atribuições e as responsabilidades específicas da presidência são definidas pela Constituição Federal. O presidente é uma *função* regulada política e juridicamente. Os seus atos devem zelar pelos direitos e deveres do Estado democrático, ao mesmo tempo individuais e coletivos, fundados no princípio da igualdade perante a lei: "homens e mulheres são iguais em direitos e obrigações, nos termos desta Constituição". Vale a pena conhecer os termos da nossa Constituição, e revisitá-los, invocá-los, exigir que tenham representação? Seja como for, qualquer defensor do Estado democrático de Direito exigirá que as disposições da Constituição deem *forma* ao exercício da presidência. O presidente não representa a sua vontade individual, mas a vontade coletiva, foi eleito para um mandato, para representar uma determinada organização política e honrar os seus princípios fundamentais. Enquanto representante de uma República Federativa tem a obrigação de transcender o seu corpo físico, a sua pessoa individual, para encarnar, personificar o que está sendo representado: o Estado democrático de Direito, segundo os termos da nossa Constituição. É por esta razão que o indivíduo de chinelos deve recolher-se sob a forma da liturgia, da indumentária, enfim, de todo o aparato que possibilita a investidura do cargo.

Há ainda um outro aspecto da fotografia que merece ser comentado. O presidente é eleito para um mandato, temporalmente circunscrito, para a realização de uma incumbência, missão ou delegação. Claro, no dia a dia, ele volta a ser o indivíduo Jair toda vez que ele sai de cena. A fotografia, entretanto, relativiza "temporalmente" essa separação; ela impede que se delimite exatamente a ocasião em que foi tirada, se num momento antes ou depois do expediente do presidente. Se num momento em que se deveria esperar encontrar o presidente no exercício da sua função, ou simplesmente o indivíduo Jair, desincumbido das suas tarefas diárias, dos negócios de Estado, pronto para o merecido repouso e para sair de cena. A indistinção não seria relevante se ela não integrasse um contexto marcado por transgressões sistemáticas das separações que constituem a organização espacial e simbólica da ordem política.

## 3. A casa na praça

A intrusão de um elemento doméstico-privado na figura pública do político — que os chinelos materializam — já tinha sido espetacularmente anunciada durante a campanha eleitoral. No dia 21 de outubro de 2018, Bolsonaro fala, através do seu celular, com milhares de manifestantes em ato na Avenida Paulista, no centro de São Paulo. Os vídeos, ainda disponíveis na internet, dividem-se em dois tipos: um registro feito na casa do candidato, em que Bolsonaro se dirige aos seus eleitores, e vários outros, feitos na Avenida Paulista, que registram o momento da projeção do vídeo caseiro num telão erguido sobre um palanque. Na imagem do vídeo caseiro, o presidente aparece discursando na área de serviço [ver imagem 2]. É um espaço semiaberto, no qual se misturam nesgas de vegetação e alvenaria, e vaporosas roupas de cama secando no varal. É de dentro desse espaço que o candidato fala ao vivo para os seus eleitores. O espectador vê, além do orador e da roupa de cama, a tampa traseira do celular pelo qual o candidato fala aos seus apoiadores e as mãos de uma pessoa, não identificada, que está segurando o aparelho usado para a transmissão. O espectador escuta os gritos de apoio a Bolsonaro — "um, dois, três, quatro cinco mil, queremos Bolsonaro presidente do Brasil" — responsáveis pela presença vocal do público que está assistindo à fala. O alarido faz o espectador imaginar visualmente, "alucinar", o que Bolsonaro vê na tela e que está ausente do seu campo de visão.

No segundo tipo de vídeo, feito no espaço público da Avenida Paulista, temos a reprodução da cena anterior, através de um imenso telão sustentado por uma es-

Imagem 2:
Bolsonaro fala pelo celular a seus apoiadores reunidos em manifestação na Avenida Paulista, 21/10/2018.

trutura de aço erguida sobre um palanque [ver imagem 3]. A casa, projetada na praça pública, ocupa o centro do campo de visão e do circuito comunicativo. A casa na praça e a praça na casa resultam na imbricação de espaços que usualmente se contrapõem — onde começa um, acaba o outro —, e que assim estruturam a relação entre espaço, política e democracia. O que se vê no telão é a pessoa privada no espaço público, o público no espaço privado? A imagem do vídeo desorganiza a separação entre público e privado. Desloca a fronteira entre o que é visível, aberto, e o que é não visível, fechado, produzindo a visibilidade da casa (na praça) e a invisibilidade da praça (na casa), na perspectiva de quem está na praça olhando para o telão. Ao desmanchar, sem suspender inteiramente, as delimitações tal como as conhecemos, ela se torna uma espécie de parábola das condições (sociais) da visão, isto é, dos dispositivos simbólicos e das práticas que organizam a ordem e a representação do espaço social.

O comício e o seu registro não seguem as convenções habituais de manifestações públicas, mas chegam a eliminar a separação entre a casa e a rua? O público e o privado definem-se em contraposição um ao outro. Não são entidades dotadas de uma essência imutável, mas distinções cuja existência depende da sua reiterada articulação. Um espaço público não pode ser apropriado privadamente, em geral não tem restrições de acesso, está disponível a todos como um bem público. Logo se percebe que o âmbito do público está no polo oposto ao âmbito do privado. O âmbito privado da casa é o espaço da autonomia e liberdade do indivíduo privado, sem a ingerência do público ou do Estado. A oposição público/pri-

Imagem 3:
Em telão na Avenida Paulista, manifestantes assistem
à fala de Bolsonaro pelo celular, 21/10/2018.

vado é em si mesma política na medida em que implica toda uma dinâmica de associação e dissociação, abertura e fechamento, subjetividade e intersubjetividade, visibilidade e opacidade. O que exatamente o candidato está mostrando aos seus eleitores? A informalidade e a espontaneidade da cena não encobrem o fato de que o espectador foi excluído do interior da casa: o que ele compartilha é uma área limítrofe, reservada ao trabalho doméstico mais intestino, a área de "serviço", definida em contraposição à área "social". A imagem do vídeo não cancela, antes, confunde a oposição entre casa e rua.

Embora o binômio público/privado não seja intrinsecamente espacial, é significativo que desde a Antiguidade até os dias de hoje seja pensado a partir de metáforas espaciais. Na Grécia antiga opunham-se o *oikos*, a casa, e a ágora, a praça. Enquanto na casa as relações são marcadas pela desigualdade, a necessidade e a subsistência, na ágora as relações são fundadas na igualdade, na liberdade e no debate entre os cidadãos. A associação dos respectivos espaços a determinados grupos revela como a divisão entre eles é em si mesma política, e que a assimetria espacial é também uma assimetria de poder. Na *pólis* grega a esfera do público é o lugar do político, da democracia. Mulheres e escravos são confinados ao *oikos*, e portanto excluídos do âmbito público-político, do exercício da cidadania. Feministas modernas mostraram que a distinção público/privado esteve e continua a estar ligada à produção de desigualdade e exclusão. Ao mesmo tempo, souberam reelaborar conceitualmente a distinção e usá-la para denunciar a diferença de gênero e classe, no mundo e na teoria política. E, finalmente, apropriando-se das possibilidades comunicativas do âmbito do público, reformaram instituições e levaram questões e políticas feministas para a ordem do dia.

A praça como metáfora da aberturidade (*Öffentlichkeit*),[2] do âmbito do público, torna-se o esteio real e imaginário da democracia e da sua inteligibilidade. Por ser potencialmente aberto a todos, o âmbito do público sinaliza, para além das diferenças, a igualdade de todos os seus participantes. É por esta razão que é o lugar por excelência da *mise-en-scène* política, o espaço de mediação coletiva em que o indivíduo se torna um ator político. Justamente porque a democracia é um processo indefinido de formação de vontade popular, "o âmbito do público é um lugar de risco, de incerteza e incompletude".[3] A observação, contudo, parece supor o compartilhamento de um mesmo espaço, a presença física, corporal, que expõe e identifica o indivíduo, indicando o seu comprometimento com uma causa e a sua associação a um gru-

---

[2] A tradução consagrada de *Öffentlichkeit* em português é "esfera pública", à semelhança do inglês, *public sphere*, ou do francês, *l'espace publique*. Por um lado, a palavra "esfera" introduz uma referencialidade espacial, por outro, o composto não transmite o sentido de abertura e visibilidade contidos no adjetivo *offen*, do qual deriva a palavra alemã. Para tentar contrabalançar essa rigidez da expressão "esfera pública", e enfatizar o caráter aberto e inacabado de *Öffentlichkeit*, uso neste ensaio, alternadamente, "âmbito do público" e "aberturidade".

[3] Susan Bickford, "Constructing Inequality: City Spaces and the Architecture of Citizenship", *Political Theory*, 28, 2000, p. 357.

po ou a um partido. Qual o "espaço" compartilhado por Bolsonaro e seus eleitores durante o ato?

A resposta não é trivial, pois no ato realizado em plena Avenida Paulista há uma sofisticada justaposição dos espaços físico e virtual. A cena é dividida ao meio: acima o telão e o orador, abaixo o público, os manifestantes enfeitados de verde e amarelo; acima a presença virtual-digital, abaixo a presença física-corporal. Qual é o efeito desta justaposição de tipos distintos de produção de presença? Em que medida se alteram a representação e a experiência do âmbito do público e da política? A reprodutibilidade e transmissibilidade técnica da vociferação de Bolsonaro não significam que a praça pública já foi substituída pelas redes sociais. O evento indica uma articulação dos meios remotos e presenciais. Com efeito, o favoritismo do então candidato deve-se à associação entre o WhatsApp e as ruas, as mídias sociais e o ativismo político.

Se o meio digital une o candidato e seu público, na verdade, também os separa. O "encontro" entre Bolsonaro e seus eleitores não implica apenas diferenças óbvias na produção de presença, no deslocamento dos corpos, na partilha do visível. O encontro dissimula uma assimetria estruturante: imaginem Bolsonaro sozinho na praça ou atarantado sobre o palco, olhando para uma tela em que são projetados numa imensidão de pixels os seus eleitores. Não quero sugerir que na praça seja tudo horizontal. Mas logo se percebe que o suposto pé de igualdade — eis um cidadão comum falando do seu lar — não passa de um logro, de um truque populista. O fato de que inúmeros eleitores também estivessem com os seus aparelhos celulares multiplicando *ad infinitum* a encenação midiática apenas confirma a ilusão de igualdade digital.

O mais importante, porém, é constatar que "o meio é a mensagem", que a presença virtual incorpórea digital do candidato significa uma indiferença, até mesmo uma hostilidade, aos espaços físicos e tradicionais da democracia.[4] Em que medida a infatigável adesão bolsonarista ao meio digital — seja em comícios ou durante a campanha em geral — implica também a rejeição aos espaços e instituições da democracia? A resposta exigiria uma reflexão sobre o papel dos diferentes espaços físicos na vida democrática. De forma simplificada mas instrutiva, podemos aludir à distinção entre espaços mais formais, de tomada de decisão, e outros menos formais, de formação de opinião e vontade. De um lado, a assembleia legislativa, as urnas de votação, do outro, as ruas e as praças.[5] No momento em que os espaços *online* ganham ca-

---

[4] Marshall McLuhan, *Understanding Media: The Extensions of Man*, Berkeley, Gingko Press, [1964] 2013.

[5] Jan-Werner Müller, "What Spaces Does Democracy Need?", *Soundings: An Interdisciplinary Journal*, 102, 2-3, 2019, p. 204.

da vez mais força e presença, discutir a relação entre os espaços, físicos e digitais, e o futuro da democracia tornou-se mais do que urgente. A questão obviamente extrapola os limites deste ensaio. Contudo, assim como já se estabeleceu um nexo entre determinada arquitetura e o fascismo, seria oportuno ampliar a investigação sobre uma "afinidade eletiva" entre a internet e o populismo.[6]

Voltemos à hipótese inicial de que o meio é a mensagem, a presença virtual do candidato Bolsonaro na Avenida Paulista significa o desprezo pelos espaços tradicionais da democracia. Ao longo de todo o processo eleitoral, o candidato participou de apenas dois debates transmitidos ao vivo pela televisão. No segundo turno, recusou-se a enfrentar o seu oponente, Fernando Haddad, alegando que, durante a campanha, "debate é secundário". Embora o gesto não seja inaudito, o descaso sistemático pelo confronto de ideias é surpreendente. Não seria exagero afirmar que o debate televisionado, que pressupõe a presença física em um mesmo espaço, e o cumprimento de regras para garantir a igualdade do direito à palavra, além da participação de um conjunto heterogêneo de jornalistas, é — ou era — um espaço institucionalizado da nossa democracia. Era um rito de passagem da política, um momento fatídico de formação de

---

[6] *Idem*, p. 213.

opinião. Ainda que imperfeito, controverso, ou mesmo manipulado, no debate sempre se materializava a definição do âmbito do público como "um lugar de risco, de incerteza e incompletude".[7] A recusa ao debate é uma recusa ao âmbito do público, é um desprezo pela "aberturidade" do processo democrático.

A lista de atos de desprezo pelos espaços da democracia é longa, e a convergência entre o candidato e seus apoiadores, flagrante. Sejamos telegráficos na rememoração. Evoquemos apenas duas imagens emblemáticas de uma determinada atitude em relação a espaços fundamentais da democracia, a cabine de votação e a cidade: os eleitores de Bolsonaro levando revólveres para dentro das cabines de votação, numa clara violação do exercício do voto secreto; políticos aliados quebrando uma placa de rua fabricada em homenagem à vereadora assassinada Marielle Franco. A quebra do sigilo da votação envolve a associação de espaços, objetos físicos e digitais. A presença de um instrumento de coerção num espaço de livre manifestação precisa ser indevidamente fotografada ou filmada para ser colocada em circulação no espaço digital. A quebra da placa sobre um palanque é, entre outras coisas, um ataque à urbanidade: ao "conjunto de formalidades e procedimentos que demonstram respeito entre

---

[7] Susan Bickford, "Constructing Inequality", *op. cit.*, p. 357.

os cidadãos" (*Dicionário Houaiss*). A placa não era oficial, não dava nome a uma rua real; apenas anunciava simbolicamente o desejo de homenagear a vereadora, gravando o seu nome no espaço físico e público da cidade à qual ela serviu. A ruptura da placa é a ruptura do elo da vereadora, inscrito na memória, e portanto no corpo dos cidadãos, com o espaço físico da cidade do Rio de Janeiro, o espaço das ruas, da luta popular e da resistência à violência. Não me parece necessário enumerar aqui as reiteradas ameaças feitas durante a campanha aos espaços formais de tomada de decisão da República, ao Congresso, ao Supremo Tribunal Federal etc.

Importa, antes, sublinhar o seguinte: a atitude de Bolsonaro para com a "praça", a esfera do público, expressa o seu entendimento do que é a democracia. A sua noção do "espaço" da democracia transparece também, no discurso que ele proferiu, na sua idiossincrática prosódia, para os seus apoiadores: a disputa eleitoral é transformada em campo de batalha, em uma "guerra", os adversários políticos em inimigos que devem ser eliminados, presos ou banidos. Sejamos, mais uma vez, telegráficos também no comentário ao discurso: o artigo primeiro da Constituição declara os fundamentos do Estado democrático de Direito, um deles é "o pluralismo político". A promessa de Bolsonaro de acabar com os adversários petistas viola, portanto, o Estado de Direito. E o Estado de Direito, precário e cheio de fissuras, não foi suspenso. A violação permaneceu circunscrita ao âmbito do discurso, não passou de uma promessa, de um compromisso que Bolsonaro assumiu sabendo que não o realizaria. Contudo, a demagogia é temerária porque, ao propagar a redução da nação a uma facção, conjura o fim do pluralismo, da razão de ser da democracia. O discurso de facção produz um curto-circuito no processo comunicativo da democracia: adere ao "espaço" de enunciação dos discursos públicos para anunciar a negação das condições que garantem a sua existência: a aberturidade e o pluralismo.

## 4. O BAIXO CALÃO

O discurso faccioso de Bolsonaro mostra *ex negativo* como a esfera da política e do público se realiza discursivamente. Não surpreende que mesmo depois da eleição o presidente mantenha uma relação crispada com a imprensa. Ainda no seu discurso de campanha, Bolsonaro prometeu banir, junto com os seus adversários políticos, um dos principais jornais do país, sob a alegação de ser um órgão aliado ao Partido dos Trabalhadores. A hostilidade de Bolsonaro em relação à imprensa é, na verdade, uma hostilidade em relação à esfera do público, às instituições e práticas que permitem a sua realização. O seu comportamento nos faz lembrar, em termos gerais, que a democracia também é uma forma de sociabilidade, moldada a um só tempo pelo reconhecimento da igualdade e liberdade dos cidadãos e pela tolerância às diferenças. Vale a pena citar a definição do *Houaiss*: "tendência a admitir, nos outros, maneiras de pensar, de agir e de sentir diferentes ou mesmo diametralmente opostas às nossas". A capacidade de conviver no âmbito do discurso e do espaço públicos com as diferenças recebe o nome de civilidade. Para recuperar a afinidade entre civilidade e cidadania, recorro de novo ao *Houaiss*: "conjunto de formalidades, de palavras e atos que os cidadãos adotam entre si para demonstrar mútuo respeito".

A civilidade integra uma dinâmica — democrática — de intersubjetividade. E, como indica a sua definição básica, vernacular, encosta na separação entre público e privado, entre linguagem formal e informal. Pode ser imaginada como uma roupagem, um hábito que está disponível para todos, e se interpõe entre o indivíduo, o cidadão, e o espaço público. Mas, quando pensamos no indivíduo que pretende exercer uma função pública, representativa, o "conjunto de formalidades" civis ganha outro peso. As formalidades, enquanto uma condição de possibilidade de o indivíduo privado transcender-se minimamente, são indispensáveis ao *exercício* do cargo.

A formalidade da fala, em particular, é uma peça-chave da maquinaria simbólica do poder. O indivíduo empresta a sua voz, o seu corpo, para falar, não como

Jair, mas como Presidente da República. A presidência de Bolsonaro parece desafiar essa lógica, parece tê-la condenado ao anacronismo. No entanto, a consideração atenta do lugar e do comportamento de Bolsonaro mostra que essa conclusão é precipitada. Por um lado, o mero fato de "ocupar" o cargo já confere à fala individual uma orientação coletiva. O cargo "fala", continua a operar, mesmo à revelia do seu ocupante. Digamos que o "conteúdo" do cargo se mantém. Jair vituperante não deixa de ser o presidente. Por outro lado, observa-se uma ruptura na forma de se exercer o poder. A ruptura se dá no plano do discurso, no modo de o presidente endereçar-se, dirigir-se aos seus ouvintes e de referir-se àqueles de quem fala. Em todo discurso, a escolha da linguagem, do registro formal ou informal, das formas de tratamento, delimita o público, real e virtual, ao qual o falante se dirige. Não só delimita o público-alvo, se abrangente ou restrito, mas também o define, estipulando a natureza do vínculo entre o público e o falante. Todo discurso instaura uma *forma* de associação entre o orador e o seu público. Se o falante é o presidente, essa forma dá voz, literalmente, à lógica da sua função representativa: em nome de quem (a nação, os cidadãos) e do que (o bem comum, a igualdade) se fala. A fala torna audíveis, perceptíveis, os valores inerentes à comunicação.

Tanto quanto a roupa, a cenografia ou o palco, os hábitos verbais do presidente fazem parte da sua *mise-en-*

-*scène*, da construção da sua imagem pública. Mostram que não há uma apreensão exclusivamente visual da presidência. Antes, pelo contrário, o que chamamos de imagem resulta das relações entre a visão e outros sentidos, no caso, sobretudo a audição. A expressão verbal do presidente interfere na sua imagem visual — e vice-versa.[8] Um dos exemplos mais contundentes da incontinência verbal do presidente foi registrado na gravação da reunião ministerial ocorrida no dia 22 de abril de 2020, no Palácio da Alvorada. No dia 20 de maio de 2020, o ministro Celso de Mello, do Superior Tribunal Federal, autorizou a liberação da gravação, no âmbito do inquérito que investiga a denúncia do ex-ministro da Justiça Sergio Moro, de que o presidente teria tentado intervir na Polícia Federal. Portanto, o que se vê não é um pronunciamento oficial à nação, mas o presidente *in actu*, nos bastidores do governo, interagindo com os seus ministros. O general Braga Netto, ministro-chefe da Casa Civil, convocara a reunião para apresentar o plano Pró-Brasil, voltado para a retomada de "crescimento sócio-econômico em resposta ao impacto do coronavírus". Embora o intuito declarado fosse deslocar o foco da opinião pú-

---

[8] William J. T. Mitchell, "Showing Seeing: A Critique of Visual Culture", *Journal of Visual Culture*, I, 2002, p. 174.

blica dos "culpados" pela pandemia para a "solução do problema" — vale notar que o ministro jamais usa as palavras "pandemia" ou "coronavírus" —, as medidas anunciadas não são emergenciais, mas de médio e longo prazos. A implementação do plano começaria apenas em outubro do mesmo ano. Não se pretende aqui analisar a reunião à luz das ações tomadas pelo governo em resposta à pandemia, e sim refletir sobre alguns efeitos do abandono da mediação, do "hábito" da formalidade no discurso do presidente.

Antes de mais nada, chama a atenção que, na sua primeira intervenção mais longa, o presidente faz uma inusitada mudança de pauta, deslocando a tônica do programa de recuperação econômica para o que ele chama de "questão política".[9] Após contar que havia telefonado para o presidente da Firjan — Federação das Indústrias do Estado do Rio de Janeiro — para discutir a reabertura do comércio e expressar a sua preocupação com a crise econômica, Bolsonaro diz: "Paralelamente a

---

[9] O ministro Celso de Mello, do STF, autorizou o acesso à gravação da reunião ministerial realizada no dia 22 de abril de 2020, no Palácio do Planalto. A transcrição oficial contida no inquérito (INQ) 4831, em que se apuram as denúncias feitas pelo ex-ministro Sergio Moro de que o presidente Bolsonaro tentara intervir na Polícia Federal, está disponível em <https://veja.abril.com.br/wp-content/uploads/2020/05/laudo-digitalizado_220520201218.pdf>.

isso [preocupação com a economia] tem aí a OAB da vida enchendo o saco do Supremo, pra abrir o processo de impeachment porque eu não apresentei o meu... meu exame de... de... de... de vírus, essas frescurada toda, que todo mundo tem que tá ligado. Não é apenas é... cuidar do seu ministério nessas questões que estamos tratando aqui, é tratar da questão política também. Tá certo? Então é... essa é a preocupação que temos que ter, porque a luta pelo poder continua. A todo... a todo vapor. E sem neurose da minha parte, tá? O campo fértil para aparecer uns porcaria aí, né? Levantando aquela bandeira de... do... do povo do meu lado, não custa nada. E o terreno fértil é esse, o desemprego, caos, miséria, desordem social e outras coisas mais. Então essa é a preocupação, todos devem ter, né? Não é 'tá bom?', o ministério fatura, 'deu merda', no colo do presidente".

Não quero aqui discutir o mérito do que Bolsonaro percebe como ameaças variadas e dispersas ao seu poder. Importa notar que ao afirmar que "a luta pelo poder continua" ele se coloca não no papel de alguém que está *exercendo*, mas de alguém que está *disputando* o poder, e entoa um discurso atravessado por um vocabulário beligerante, em que se opõem aliados e adversários, e a própria comunicação está em risco. O partidarismo extremo e a beligerância aparecem no modo como exige lealdade e adesão irrestritas dos seus ministros: "Tô bem, eu tô cuidando da minha imagem [...] eu sou bonitinho, e o resto que se exploda. Não![10] [...] E vocês tem que apanhar junto comigo, logicamente quando tiver motivo pra apanhar, ou pra bater".[11] Mas de quem o governo "apanha"? E o que significa exatamente "apanhar"? Bolsonaro entende como agressores à sua pessoa, indistintamente, a OAB, o STF, a Polícia Federal, prefeitos, governadores, os representantes da oposição e, sobretudo, a imprensa.

O partidarismo do discurso do presidente, da mesma forma que o antagonismo em relação a qualquer tipo de dissidência, exacerbam-se durante a sua segunda intervenção. No belicismo da fala misturam-se ações de governo e campanha eleitoral: Bolsonaro primeiro sugere àqueles que não estejam inteiramente alinhados às suas "bandeiras" que se aliem a algum outro candidato adversário na próxima disputa eleitoral; em seguida, ameaça destituir os ministros que forem elogiados por órgãos da imprensa considerados inimigos: "É. Quem não aceitar a minha, as minhas bandeiras, Damares: família, Deus, Brasil, armamento, liberdade de expressão, livre mercado. Quem não aceitar isso está no governo errado. Esperem para vinte e dois, né? O seu Álvaro Dias. Espere o Alckmin. Espere o Haddad. Ou talvez o Lula, né? E vai ser feliz com ele, pô! No meu governo tá errado. É

---

[10] Cf. Laudo nº 1242/2020, INC/DITEC/PF, p. 23.

[11] *Idem*, p. 29.

escancarar a questão do armamento aqui. Eu quero todo mundo armado. O povo armado jamais será escravizado. E cada um faça, exerça o seu papel. Se exponha. Aqui eu já falei: perde o ministério quem for elogiado pela *Folha* ou pelo *Globo*! Pelo *Antagonista*! Então tem certos *blogs* aí que só têm notícia boa de ministro. Eu não sei como. O presidente leva porrada, mas o ministro é elogiado. A gente vê por aí 'Ah, o governo tá... o... o ministério tá indo bem, apesar do presidente'. Vai pra a puta que o pariu, porra! Eu que escalei o time, porra! Trocamos cinco. Espero não trocar mais ninguém. Espero!".[12]

O partidarismo do discurso de Bolsonaro invade as próprias ações do governo, ameaça solapar a relação dos ministros com o presidente. O presidente usa o poder decisório de nomear e destituir ministros para subordinar as ações e decisões da administração pública a uma lógica sectária e personalista: o ministro que for elogiado por adversários, no caso, a grande mídia, os *blogs*, representantes da oposição, diversos setores da sociedade civil, perderá o cargo. A exigência não apenas de alinhamento ideológico, mas de disposição para o combate, sem falar das alusões às disputas eleitorais passadas e futuras, com os enunciados entremeados de insultos e intimidações, não deixam dúvidas em relação ao seu

---

[12] *Idem*, p. 58.

comportamento. As bravatas do presidente mobilizam um poder orientado para a disputa de poder e não para a formação de consenso. A conquista ou defesa do poder se sobrepõe ao exercício do poder pelo chefe de governo. O presidente vituperante não é capaz de zelar pelo bem comum. Para cumprir com esta exigência do cargo, ele precisa ser includente e comunicar-se, para além das suas próprias bandeiras, com a sociedade como um todo. O poder enquanto ação comunicativa voltado para a intermediação de interesses e a construção de consenso, evidentemente, não existe sem a esfera pública. A declaração de inimizade em relação à esfera do público é uma renúncia ao instrumento, à instância fundamental da comunicação democrática. Não espanta que a recusa a esta forma de comunicação democrática coincida com a defesa do armamento, do uso da força e da coação. Afinal, Bolsonaro atrela a realização da liberdade não ao debate e à persuasão, mas ao uso da violência. E, nos vários momentos de evidente impotência, ele invoca a sua prerrogativa de recorrer às Forças Armadas.

Até aqui traçamos uma distinção entre o poder político voltado para a luta e o poder político voltado para o consenso. Se durante a disputa pelo poder pode prevalecer o partidarismo e o espírito sectário, durante o exercício do poder, de acordo com a lógica da democracia representativa, é preciso buscar a formação de consenso, o concerto das diferenças. Mas, é claro, na prática, essas manifestações contrárias do poder não se separam nitidamente; ainda durante, ou mesmo depois do pleito, continuam a interagir, estão em permanente tensão. Ora, é justamente por esta razão que a distinção entre discurso formal e informal é um instrumento-chave, se não indispensável, da democracia representativa. Somente o "hábito" das formalidades, a mediação da civilidade, permite ao governante transcender a mentalidade de trincheira, o sectarismo político-partidário, para organizar ações coletivas que reúnem aliados e adversários. Somente o "hábito" da formalidade permite produzir uma forma de associação — abrangente e conciliatória — entre o orador e o seu público, o presidente e os cidadãos da República, compatível com a função representativa da presidência na democracia.

## 5. Representação e "aberturidade"

A palavra "investidura" carrega, em português, um duplo sentido. Designa determinado cargo, ou função, e, ao mesmo tempo, o ato de investir alguém no exercício, na posse de um cargo. Assim, o vernáculo ensina que, mesmo já tendo sido nomeada e empossada no cargo, a pessoa precisa investir-se dele a cada dia. Essa investidura, no caso da Presidência da República, depende da maquinaria simbólica que torna o cargo visível, e define como o indivíduo empossado o corporifica. A investidura, longe de ser algo "secundário, decorativo, ou mera falsa consciência, é parte constitutiva, irredutível das relações políticas de poder".[13] Poderíamos acrescentar que a investidura institui as *relações* de poder porque assegura a sua comunicabilidade.

As imagens analisadas neste ensaio mostram que identificar a *figura* de Bolsonaro com o populismo é uma interpretação insuficiente. O desmazelo da imagem de Bolsonaro revela a falácia da encenação populista do político não convencional. Nos três momentos estudados, o uso de chinelos, o pronunciamento da área de serviço e a profusão de grosserias são prerrogativas do candidato ou do presidente. As quebras de protocolo podem até propiciar a identificação do presidente com o homem rude e simples, com o suposto *outsider* no poder. Mas, na verdade, exacerbam a assimetria de poder, o abuso do arbítrio, o monopólio da obscenidade.

A lição que se pode tirar da iconografia política do presidente Bolsonaro diz respeito a algo mais fundamental do que a suspeita de populismo. Diz respeito à inves-

---

[13] Susanne Lüdemann, "Beobachtungsverhältnisse", em *Des Kaisers neue Kleider. Über das Imaginäre politischer Herrschaft*, Thomas Frank, Albrecht Koschorke, Susanne Lüdemann (orgs.), Frankfurt a.M., Fischer Taschenbuch Verlag, 2002, p. 94.

tidura simbólica do poder representativo e às condições da sua inteligibilidade. A investidura, tudo o que cobre e reveste — os símbolos, a liturgia e os espaços do poder —, é o dispositivo simbólico capaz de *associar* a pessoa ao cargo. Por esta razão, os chinelos, a área de serviço e o baixo calão são a negação da investidura, do "hábito" que codifica e visibiliza o poder. A ruptura da simbologia do poder implica a renúncia à comunicabilidade e à aberturidade do poder. Isto porque — eis a lição de Bolsonaro — a investidura da presidência é inseparável das instituições imaginárias que reúnem a esfera do público e através das quais se materializa a democracia.

# Armas sobre a urna

1. Imagem e contraimagem

No primeiro turno das eleições presidenciais de 2018, eleitores levaram armas de fogo para dentro da cabine de votação e, em seguida, postaram fotografias e vídeos da infração nas redes sociais. Em algumas imagens, o revólver repousa sobre a urna eletrônica; em outras, o eleitor digita o número do seu candidato com o cano da arma [ver imagem 4]. Os infratores monitoram a cena sem aparecer; são os portadores invisíveis das armas que "penetram" a cabine e "violam" a urna. Na fotografia que surge na tela da urna assim que o eleitor digita o seu voto, o candidato Jair Bolsonaro aparece inconfundível e cúmplice. A cena produz uma espécie de paroxismo: no mesmo ato em que os eleitores encenam a infração, eles também exercem o seu direito ao voto. Mas o que exatamente está sendo encenado? Todos sabem que as imagens disparadas por eleitores de Bolsonaro violam as normas eleitorais. Violam num duplo sentido: são *documentos* da presença espúria de armas e de câmeras de celular na cabine de votação e, uma vez publicadas nas redes, são *instrumentos* da quebra do voto secreto. Mas é evidente que a força das imagens, o efeito esmagador que elas produzem, vai além da infração eleitoral. As imagens de armas sobre a urna são uma tomada de posição em relação à democracia e ao Estado de Direito. Ao acenar para a sujeição da liberdade à coação, do direito à bala, ameaçam, dentro do espaço em que se atualiza o princípio da soberania popular, subvertê-la.

O noticiário limitou-se a falar da violação do código eleitoral e da abertura de inquéritos policiais. Pouco ou nada se falou das imagens em si mesmas. Como se, ao embaraço de urnas e armas, liberdade e violência, sobreviesse um silêncio constrangido. A resposta, entretanto, veio à altura. Não na forma de discurso, mas na forma de um objeto e sua carga simbólica: o livro impresso. No segundo turno, eleitores de Haddad mobilizaram-se para encenar, em público, uma imagem-resposta, uma contraimagem às armas sobre a urna: saíram às ruas em direção aos locais de votação com livros na mão. De um lado, as armas sobre a urna confirmavam o gesto de arma, ou "arminha", que se tornara o símbolo do candidato Bolsonaro e de seus correligionários. Do outro lado, os livros eram estilizados em "armas" pelos apoiadores do candidato Fernando Haddad, ex-ministro da Educação

Imagem 4:
*Post* de eleitor votando em Bolsonaro com uma arma, 07/10/2018.

do governo Lula (2005-2012) — "Eu me livro de armas e me armo de livros" dizia um dos cartazes. Assim, a disputa eleitoral produziu, na iconografia política do presente, uma inédita concretização de símbolos-chave do imaginário político. No centro da disputa, estava a urna, instrumento e símbolo do sufrágio popular, reivindicada por pistolas e livros. Travada em imagens, a disputa deu forma material à dimensão imaginária do voto e, portanto, da democracia.

Para abordar a imagem — armas sobre a urna — e a sua contraimagem — eleitores carregando livros — é preciso, antes de mais nada, sublinhar que foram produzidas no decorrer da disputa eleitoral. Em seguida, podemos admitir que o paradoxo de fazer coincidir o voto democrático com a *ameaça* da sua violação não foi articulado fora, mas dentro do jogo democrático. Esta consideração já bastaria para abrir uma discussão sobre a iconografia das últimas eleições presidenciais. Agora, passado o assombro inicial, podemos reconhecer que a imagem das armas sobre a urna põe em causa a própria concepção de democracia. Por um lado, a imagem nos leva a perguntar em que medida a possibilidade de questionar a democracia e os seus princípios é intrínseca à democracia. Por outro, o fato de a imagem de armas na cabine eleitoral ser uma tomada de posição política demonstra que a trama simbólica através da qual a democracia se institui torna-se essencial à sua existência.

O historiador da arte Aby Warburg mostrou que há imagens capazes de apreender de um só golpe as relações e os conflitos de uma determinada situação. Por um lado, essas imagens-síntese (*Schlagbilder*) incorporam repertórios e tradições estabelecidos; por outro, resultam de deslocamentos e manipulações intencionais.[1] Assim, a imagem de deuses antigos pagãos pôde ser colocada a serviço das polêmicas político-religiosas entre protestantes e católicos na Europa do século XVI. De forma análoga, podemos dizer que a imagem de armas na cabine de votação mobiliza *e* embaraça objetos cujos sentidos estão profundamente enraizados na cultura: a arma de fogo e a urna eleitoral. Do cruzamento inesperado da força com o voto vem a capacidade de a imagem intervir no ordenamento simbólico da política e abalar dois dos seus principais alicerces: o monopólio estatal da força, de um lado, e o princípio da soberania popular, do outro. Podemos dizer, inspirados na palavra alemã, que essa imagem-síntese é também uma imagem-golpe, que atinge em cheio as premissas básicas das eleições livres e democráticas. Para compreender a violência simbólica que a imagem das armas sobre a urna representa é preciso determinar o que ela invade e golpeia: a ordem simbólica estabelecida. É preciso traçar, a partir da imagem e de sua contraimagem, a nossa concepção do que é democracia. Faremos isso a partir de três elementos-chave: a urna, as armas, os livros.

---

[1] Aby Warburg, "Heidnisch-Antike Weissagungen in Wort und Bild in Luthers Zeiten", em *Werke in einem Band*, Sigrid Weigel *et al.* (orgs.), Frankfurt a.M., Suhrkamp, [1920] 2010, p. 456.

## 2. A urna e a problemática da representação

Comecemos pelo centro da disputa, pela urna, e indaguemos o que, afinal de contas, ela significa para nós. Deixemos o segredo, o isolamento da urna no espaço da cabine de votação para depois. Fixemos o nosso olhar apenas na urna, o artefato que registra, armazena e computa o voto popular. Encerrado o pleito, o resultado das urnas tem o poder de legitimar o poder. Na urna, os eleitores, soberanos e iguais, exercem o princípio da soberania popular. Enquanto instrumento da soberania popular, a urna também alude ao que ela substitui, ou seja, ao que ela não é. Basta situá-la na história, lembrar o que havia "em seu lugar", perguntar-se de onde emanava o poder: o monarca de direito divino, que concentrava em si todo o poder, e cuja legitimidade tinha fundamentos absolutos, se não ascensionais. Se experimentarmos, pela via do contraste, uma primeira definição da mera urna, podemos enxergar nela uma perda inapagável ou uma conquista epocal. Ponto de entrada e de saída da vontade popular, a urna é emblemática do caráter mundano, secular da democracia. Eleitores podem fechar os olhos e agradecer aos céus; suas preces não alteram a lógica terrena, perfeitamente intramundana, da urna eleitoral. O pressuposto da urna — e o de toda a democracia — é a emancipação diante da transcendência.

Nas urnas, os eleitores encenam o princípio que articula o corpo político da sociedade e, assim, afirmam a capacidade de se constituir e se transformar a si mesmos. A premissa de que são seres humanos — e não Deus ou deuses — que criam a organização social e política faz com que a democracia seja incerta e inacabada. Por esta razão, o filósofo Claude Lefort deu a um de seus livros o belo título *A invenção democrática*.[2] A palavra "invenção" sinaliza a origem histórica e, portanto, contingente, da democracia. A famosa expressão "teatro de uma indeterminação radical", usada por Lefort para caracterizar a democracia, explicita que o questionamento e o risco da suspensão da lógica democrática estão sempre presentes.[3] Dito de outra forma: a democracia é *histórica* no sentido pleno, radical, da palavra.[4] A possibilidade de a lógica democrática esmorecer ou tornar-se inoperante não desaparece num passe de mágica. É preciso nervos

---

[2] Claude Lefort, *L'invention démocratique: les limites de la domination totalitaire*, Paris, Fayard, 1981.

[3] Claude Lefort, "La dissolution des repères et enjeu démocratique", em *Humain à l'image de Dieu: la théologie et les sciences humaines face au problème de la anthropologie*, Pierre Bühler (org.), Genebra, Labor et Fides, 1989, pp. 89-108.

[4] Claude Lefort, "The Question of Democracy", em *Democracy and Political Theory*, trad. David Macey, Cambridge, Polity Press, [1986] 1988, p. 16.

de aço. Seja porque, mesmo nas eleições mais livres e legítimas do mundo, somos confrontados com o caráter aberto e incerto da democracia que compreende — para o bem ou para o mal — a contestação da ordem vigente, seja porque o perigo do autoritarismo e do totalitarismo não evapora; na melhor das hipóteses, permanece à espreita, não desfila pelas ruas. Toda sorte de obstrução ou impedimento à afirmação da sociedade como o ator político legítimo — e não do Estado ou de um único grupo — é continuamente implementada, desde a manipulação etérea dos algoritmos à truculência do encarceramento em massa.

Lefort foi um dos primeiros a chamarem a atenção para a transformação estrutural da ordem simbólica e do lugar do poder que o advento da democracia desencadeou.[5] Se o lugar do poder não pode ser ocupado por um indivíduo ou um grupo, nem apropriado indefinidamente por um governo, se o poder emana do *demos*, dos muitos, como representá-lo? É claro, a urna eleitoral usada no Brasil não *representa* o poder do *demos*. A urna é apenas uma instância intermediária entre participação e representação e, enquanto tal, *remete* à lógica, à operacionalidade da representação. Na democracia, segundo a observação perspicaz de Paula Diehl, estamos aparen-

---

[5] *Idem*, p. 16.

temente diante de uma contradição: o poder emana do povo, o poder não pertence a ninguém.[6] Com a reconfiguração do poder na democracia, a representação torna-se problemática, por definição, instável. Lefort chega a afirmar que o poder é "irrepresentável".[7] A imagem de um todo orgânico unificado perde a validade *na medida em que* a imagem de uma sociedade plural, heterogênea e contraditória se consolida. O dilema da representação política não é exclusivo da democracia, mas nela assume uma especificidade. Num certo sentido, os limites da representação democrática definem-se através da sua "confrontação" com a representação absolutista e com a totalitária.[8] Na monarquia, o rei corporifica o poder e a unidade política da sociedade. Há uma espécie de fusão mágica entre o corpo do representante e a comunidade política. Com a decapitação do rei, o corpo político não perde só a cabeça; muda totalmente de figura. Para Lefort, na democracia, o lugar do poder é um "lugar vazio",

---

[6] Paula Diehl, "Der leere Ort der Macht und die Verbannung der Verkörperung: Repräsentationstheorien und Körpermodelle der Demokratie", em *Das Symbolische, das Imaginäre, und die Demokratie. Eine Theorie politischer Repräsentation*, Baden-Baden, Nomos, 2015, p. 176.

[7] Claude Lefort, "The Question of Democracy", *op. cit.*, p. 17.

[8] Paula Diehl, "Der leere Ort der Macht und die Verbannung der Verkörperung: Repräsentationstheorien und Körpermodelle der Demokratie", *op. cit.*, p. 182.

porque numa ordem em que se institucionaliza a incerteza e o conflito, o poder não pode ser definitivamente incorporado por ninguém.[9] Vem daí a discrepância entre o corpo majestático e eterno do monarca e o corpo desencantado e temporário dos representantes populares. Pois, se o que constitui a unidade da sociedade na democracia é, paradoxalmente, a sua divisão, ela precisa resistir a qualquer redução à "totalidade orgânica".[10] Mesmo as noções de Estado, nação e povo, que moldam o imaginário político moderno, estariam constantemente sujeitas à disputa ideológica e à mudança.[11]

As reflexões de Lefort sobre a reconfiguração do poder na democracia são valiosas. Não tanto como uma explicação que se deva tomar como um argumento final, mas como um ponto de partida a considerar e debater. Com Lefort aprendemos que a problemática da representação é intrínseca à democracia. Percebemos que, mesmo quando é dissimulada, ou melhor, sobretudo quando é negada, alguma forma de representação já está insinuada. A definição de democracia de Abraham Lincoln — "governo do povo, pelo povo, para o povo" (*government of the people, by the people, for the people*) —

---

[9] Claude Lefort, "The Question of Democracy", *op. cit.*, p. 17.

[10] *Idem*, p. 18.

[11] *Idem, ibidem.*

é bela e lapidar. Mas, se pensamos na sua concretização, somos imediatamente obrigados a perguntar: quem foi, quem é o povo? Como se define a sua vontade geral? Quem governa em seu nome? Não há resposta a essas perguntas que não envolva alguma forma de representação. De modo que não parece exagerada a afirmação de que o problema da soberania popular é por definição um problema de representação.[12] Longe de ser uma descoberta recente, como parecem sugerir os desgastados e ainda assim verdadeiros diagnósticos da "crise da representação" ou "crise da democracia representativa", o problema da representação atravessa a história da democracia. Por isso, vale a pena perspectivar, isto é, historicizar o problema, estudar o passado buscando a emancipação, intempestiva, diante do horizonte do contemporâneo.

É possível, num sobrevoo rápido, justapor posições e contraposições, delinear a história do problema. Digo "problema" porque historicamente a representação aparece tanto como entrave e ameaça quanto como condição de existência da democracia. Jean-Jacques Rousseau chegou a afirmar que, no sistema representativo, o único momento em que o cidadão é soberano é na hora de votar. Em seguida, torna-se escravo dos seus representan-

---

[12] Horst Dreier, "Das Problem der Volkssouveränität", em *Philosophie der Republik*, Benno Zabel e Pirmin Stekeler-Weithofer (orgs.), Tübingen, Mohr Siebeck, 2018, p. 39.

tes.[13] O filósofo genebrino sustenta que só haveria democracia direta, plebiscitária, se todos os cidadãos se reunissem em assembleias para tomar decisões e legislar. Em oposição à representação, que levaria à alienação e à divisão do poder, a teoria de uma democracia radical e direta de Rousseau postula a identidade entre governantes e governados, Estado e sociedade. Já nos assim chamados *Federalist Papers*, os ensaios escritos por Alexander Hamilton, John Jay e James Madison entre 1787 e 1788 em preparação à Constituição Americana, a representação não aparece como anátema da democracia, mas, pelo contrário, aparece como a sua condição de existência.[14] As democracias diretas, governadas por assembleias populares, estariam sujeitas à instabilidade, à violação dos direitos de minorias pela maioria, à influência de facções alheias ao bem comum. Para Madison, um governo popular sem freios poderia a qualquer momento descambar para uma tirania da maioria. Contra esta ameaça Madison recomenda uma forma de governo baseada em um sistema representativo, uma república. Notável nas

---

[13] Jean-Jacques Rousseau, *O contrato social*, trad. Antonio de Padua Danesa, São Paulo, Martins Fontes, 1989.

[14] James Madison, Alexander Hamilton, John Jay, *Federalist Papers*, Primary Documents in American History, Full Text of the Federalist Papers, Library of Congress, EUA, disponível em <https://guides.loc.gov/federalist-papers/full-text>.

reflexões dos federalistas é que a democracia representativa não aparece como um substituto imperfeito da democracia direta.[15] A democracia representativa aparece como uma forma de governo que se justifica por si mesma, preferível ao governo popular direto e sem contenções, como uma "estrutura diferenciada de tomada de decisão", talhada para assegurar o bem comum.[16]

A aproximação à história do problema mostra, além da oposição entre defensores e detratores da representação, contradições dentro dos respectivos campos e, sobretudo, concepções discrepantes de representação. Com efeito, a própria distinção entre democracia direta e indireta, participativa e representativa, quanto mais a examinamos, mais parece vacilar. Como pode uma comunidade política reconhecer-se a si mesma e constituir-se enquanto tal sem recurso à representação? Nesse sentido, é difícil imaginar a praça sonhada por Rousseau, ou aquela vivida na Grécia antiga, sem instâncias intermediárias e formas de representação. De que outra maneira explicar a exclusão de mulheres, escravos e estrangeiros? O próprio Rousseau, defensor radical da soberania popular, condicionava a viabilidade da democracia direta a uma série de fatores, por exemplo, ao tamanho do país

---

[15] Marc André Wiegand, "Demokratische Narrative und republikanische Ordnung", em *Philosophie der Republik, op. cit.*, p. 21.

[16] *Idem, ibidem.*

e à coesão moral e cultural dos habitantes. Mais notável ainda, recomendava a introdução de "precauções" para que, da vontade de todos (*volonté de tous*), concebida como um mero aglomerado de vontades individuais, se alcançasse a vontade geral (*volonté générale*), voltada para o bem comum. Essas precauções, instâncias intermediárias entre o indivíduo e a república, no entanto, não seriam capazes de assegurar a formação de uma vontade geral orientada para o bem comum, para além de interesses particulares. Para evitar qualquer divisão ou delegação do poder, Rousseau insiste que, mesmo quando equivocada, a vontade geral seria intrinsecamente inclinada para o bem comum. A solução de Rousseau foi considerada "irritante".[17] Mas a irritação, a meu ver, é salutar. A nossa percepção da índole da "vontade geral" em Rousseau como ilusória nos traz de volta ao problema da representação na democracia.

Hoje dificilmente alguém discordaria de que em uma sociedade de massas só é factível, e historicamente observável, uma democracia indireta, representativa. Esta é a posição até mesmo dos críticos mais ferrenhos das instituições democráticas vigentes. No entanto, é igualmente improvável que se chegasse a um consenso sobre

---

[17] Manfred G. Schmidt, "Vorläufer moderner Demokratietheorien", em *Demokratietheorien. Eine Einführung*, Munique, Wilhelm Fink, 1995, p. 71.

a relação entre participação e representação. De cara, postas numa balança imaginária, e circunscritas ao campo semântico da "democracia", o peso das palavras não poderia ser mais desigual: a "participação" sai disparada na frente, abarrotada de conotações positivas, enquanto a "representação" se arrasta à distância, sobrecarregada de desconfiança e sentidos pejorativos. Diria mesmo que se instalou no vernáculo uma tendência generalizada a associar democracia à participação e representação ao fracasso ou à impossibilidade da democracia. E assim, embora prevaleça a resignação ou defesa da democracia representativa, seja como mal necessário ou justificável em si mesmo, a representação continua relegada a um ponto cego. Não digo isso porque não seja controverso o que é *participação democrática*, mas porque o que poderíamos dizer para "explicar" — e defender — a lógica da representação na democracia representativa parece ser ainda mais nebuloso. Esta consideração me traz de volta à imagem das armas sobre a urna e à disputa sobre o sentido do voto.

Repito uma observação anterior: a urna é uma instância intermediária entre participação e representação. Esta função real e imaginária da urna não oferece uma resposta ao problema da representação. Mas talvez possa indicar o caminho de uma resposta. Recomecemos. A urna é uma instância intermediária entre a vontade popular e a delegação dessa vontade a representantes eleitos. Distinguem-se nessa intermediação dois momentos: o exercício da soberania popular pelo voto e a sua delegação a representantes. Mas a ligação entre esses dois momentos, que resulta na legitimação do poder pela vontade popular, envolve também uma transformação. A legitimidade do poder é derivada do povo, dos muitos. Para isso, a vontade da maioria, de fato, um gigantesco aglomerado de vozes heterogêneas e contraditórias entre si, é transformado, ressignificado em vontade geral. É ululante a precariedade empírica da vontade geral. O que "existe", empiricamente, aquilo que pode ser aferido, é a vontade da maioria. Mas quem chegar ao poder, eleito pela maioria, terá que governar em nome do *demos*, em nome de todos. Na democracia, a fonte legitimadora do poder estatal é o povo, não a maioria.

É longa e notória a lista de pensadores que rejeitaram a vontade geral como mera "ficção". O jurista austríaco Hans Kelsen chega a falar de "ficção nua", de uma ficção que nem sequer disfarça a sua ficcionalidade.[18] Para o estudioso da literatura e da cultura é inevitável associar essas declarações ao que o teórico da literatura Luiz Costa Lima chamou de "veto à ficção".[19] A circunstância

---

[18] *Apud* Andreas Anter, "Repräsentation und Demokratie", em *Philosophie der Republik, op. cit.*, p. 69.

[19] Luiz Costa Lima, "O controle do imaginário", em *Trilogia do controle*, Rio de Janeiro, Topbooks, 2007.

histórica de que a defesa da ficção no âmbito da política tenha partido de Friedrich Schlegel, um autor identificado com o campo da literatura, confirma essa associação ainda pouco explorada. A vontade geral, como expressão dos princípios da igualdade e da liberdade, seria uma condição necessária ao republicanismo, embora evidentemente irrealizável no plano da pura empiria. Vem da sua impossibilidade empírica a necessidade de aderir à ficção da vontade da maioria como único "sucedâneo válido" da vontade geral.[20] O ensaio de Schlegel põe a nu o enlace moderno entre o conceito de literatura e o conceito de democracia.

Não cabe aqui rastrear essa história, mas trazer à tona o papel da ficção na mediação entre participação e representação. A ficção da vontade geral é dupla: transforma o majoritário em comum, o comum em bem comum. A transformação que liga a maioria ao comum, o comum ao bem comum, tem um viés republicano. Em lugar de rejeitar a vontade geral como "ficção", podemos inverter a equação e perguntar: é possível afirmar que na democracia a representação política é estruturada a partir do princípio da soberania popular sem abraçar a fic-

---

[20] Friedrich Schlegel, "Der universelle Republikanismus. 1796. Veranlasst durch die Kantische Schrift zum ewigen Frieden", em *Schriften und Fragmente*, Ernst Behler (org.), Stuttgart, Körner, 1956, p. 297.

ção da vontade geral? Vale a pena lembrar que aceitar o caráter ficcional, fabricado da vontade geral não significa concordar com o teor da ficção, mas apenas admitir que o simbólico e o ficcional são constitutivos das instituições da política. A admissão da ficção tampouco significa que chegamos a um consenso sobre o que é democracia; mas pode nos dar um denominador comum, um consenso mínimo sobre o lugar das urnas e a lógica da representação na democracia.

Suponhamos que a urna seja um meio, um instrumento da ficção da vontade geral. Independentemente da concepção de democracia, a urna ocupará um lugar intermediário entre participação e institucionalidade, incerteza e legalidade, democracia e república. A urna distingue e associa o momento do exercício da soberania popular pelo voto e o momento da sua delegação a representantes. Já falamos que a ligação entre esses dois momentos, que resulta na legitimação do poder pela vontade popular, envolve a transformação da vontade da maioria em vontade geral. Essa transformação dos representados se estende aos representantes. O representante eleito deve investir-se no cargo da presidência e governar para todos. A urna — e por trás dela o aparato jurídico e institucional que a implementa — sugere que a lógica da representação democrática não se dá no vazio. Ela tem uma moldura e um horizonte de expectativas. Há textos e instituições que a circunscrevem. Há a divisão dos poderes, a legislação do Estado de Direito que a regula. E há também as vozes "nas ruas", no âmbito do público, que a afinam.

A reivindicação simbólica da urna por pistolas e livros nas eleições presidenciais tem o mérito de nos obrigar a refazer a relação da urna com a democracia e o Estado de Direito. Ao definir a urna eleitoral como instrumento e metáfora da democracia, descobrimos que ela encerra elementos democrático-igualitários e republicano-estruturais. Esses elementos não são apenas distintos: guardam entre si uma tensão, e podem sempre entrar em contradição. As últimas eleições e o governo Bolsonaro aguçaram a nossa sensibilidade para a tensão entre a participação política e as instituições republicanas. Diante da fragilidade e da incerteza da democracia, sobressaem as formas de institucionalização e contenção do conflito.

Por tudo isso, quando vejo a imagem de armas sobre urnas percebo que atacam a urna como um instrumento da democracia e do Estado de Direito. Se começo a achar que o que está sob ataque dos eleitores armados são as instâncias intermediárias, as instituições do Estado de Direito e, portanto, a lógica da representação, é porque me parecem indispensáveis à garantia da participação política.

## 3. AS ARMAS
E A INSTITUIÇÃO DO VOTO

A suspeita de que o que está sob ataque na imagem das armas sobre a urna são as instâncias intermediárias, as instituições do Estado de Direito, a república mais do que a democracia, tem plausibilidade. Mas é preciso compreender que esta suspeita não implica uma escolha entre república e democracia; pelo contrário, dirige a nossa atenção para o papel das bases republicanas do Estado democrático. A atenção às bases republicanas do Estado de Direito democrático surge da necessidade de tornar inteligível a performatividade da imagem das armas na cabine eleitoral. A presença de armas é, antes de mais nada, uma violação do princípio do monopólio estatal do uso legítimo da força em um determinado território. As armas, por conseguinte, atropelam o próprio Estado, pois é no monopólio da força que repousa a sua definição mais aceita. O monopólio estatal da força integra todas as narrativas históricas da origem do Estado, cujo denominador comum é a premissa de que na formação do Estado moderno se dá a convergência entre direito e poder. Em termos ainda mais gerais, a ideia de que a partir de um dado momento os conflitos deixam de ser resolvidos entre as partes diretamente afetadas e passam a ser mediados por instâncias intermediárias atravessa o que o historiador Norbert Elias designou de *processo civilizatório*.

Ruy Barbosa, jurista brasileiro, declarou: "A força do direito deve superar o direito da força".[21] Ruy Barbosa não chegou a esclarecer a sua máxima, mas parece razoável afirmar que o seu núcleo duro é o pressuposto da circunscrição da força ao Estado de Direito, isto é, da sujeição da força à legitimação legal. A frase é oportuna, pois é justamente esse pressuposto que os armamentistas bolsonaristas negam quando exigem o direito de exercer a força bruta independentemente da força do direito. A imagem das pistolas invadindo a cabine eleitoral é a demonstração da força acima do direito, da vontade individual contra o direito formal instituído. Da malta, do bando contra o Estado. Uma das bandeiras mais notórias do bolsonarismo é a liberalização das regras de aquisição, registro e porte de armas. Desde o início de seu mandato até fevereiro de 2021, o presidente Jair Bolsonaro publicou 31 portarias e decretos para "flexibilizar" as regras de acesso a armas de fogo.[22] Segundo dados do Exército

---

[21] Cf. René Dellagnezze, "A força do direito e o direito ao uso da força pelo Estado", *Âmbito Jurídico*, 152, 2016, disponível em <https://ambitojuridico.com.br/edicoes/revista-152/a-forca-do-direito-e-o-direito-ao-uso-da-forca-pelo-estado/>.

[22] Para uma lista dos decretos, portarias e projetos de lei, ver a reportagem da *Folha de S. Paulo*, publicada em <https://www1.folha.uol.com.

e da Polícia Federal, o número de armas de fogo registradas no país aumentou 65% desde o final de 2018. Através de projetos de lei que ainda tramitam no Congresso, o governo pretende efetivamente desarmar o Estatuto de Desarmamento de 2003.[23]

As declarações do presidente não deixam dúvida em relação ao armamentismo e ao milicianismo promovidos pelo seu governo: "Tô armando o povo para evitar uma ditadura". Não vale a pena comentar o curto-circuito lógico da declaração — um governo que acena constantemente com a possibilidade de um golpe alega que está protegendo a população da ameaça de uma ditadura e isso numa reunião ministerial convocada para discutir medidas de enfrentamento à pandemia. Tampouco é necessário lembrar que 72% da população reagiu contra a declaração feita pelo presidente,[24] ou que estudos sobre

---

br/cotidiano/2021/04/novo-decreto-de-armas-de-bolsonaro-entra-em-vigor-nesta-terca-feira-veja-o-que-esta-valendo.shtml>.

[23] Projeto de Lei nº 3723/2019 (de 26/06/2019) e Projeto de Lei nº 6438/2019 (de 12/12/2019). A tramitação de qualquer proposição apresentada no Congresso Nacional pode ser acompanhada no site da Câmara: <https://www.camara.leg.br/buscaProposicoesWeb/pesquisaSimplificada>.

[24] Ver resultados da pesquisa do Datafolha realizada entre 25 e 26 de maio de 2020 em <https://oglobo.globo.com/brasil/datafolha-72-discordam-da-frase-de-bolsonaro-sobre-armar-populacao-24455278> e <https://www1.folha.uol.com.br/cotidiano/2020/05/frase-de-bolsonaro-sobre-dar-armas-para-populacao-e-rejeitada-por-72.shtml>.

segurança pública trazem evidências que correlacionam o aumento de homicídios com o incremento do número de armas em circulação. Essas informações circulam. Aqui importa outra consideração. A liberação do porte e da posse de armas com o fim de armar a população civil significa a redefinição das atribuições e do papel do Estado e, no caso da quebra do monopólio da força, significa a erosão da fronteira entre o Estado e a sociedade. O princípio do "monopólio estatal da força" supõe que os cidadãos renunciem à possibilidade de fazer justiça com as próprias mãos, em nome dos seus interesses ou valores particulares. Em vez de agirem por conta própria, em uma democracia constitucional, os cidadãos incumbem o Poder Executivo e o Poder Judiciário de implementar a justiça e, se for o caso, aplicar a força de acordo com as regras do Estado de Direito. Todos sabem que a realização do monopólio estatal da força é seletiva, atravessada pelo arbítrio, e, portanto, está em contradição consigo mesma. Mas o ponto não é a crítica ao monopólio estatal que de resto só se articula mediante a suposição de que a sua implementação seria possível. Também não se trata de especular quais seriam as consequências da sua abolição, em um cenário no qual já prevalece a lei do mais forte. O ponto aqui é indicar que o que está em jogo no ataque ao monopólio estatal do uso legítimo da força é a separação que institui e garante a *existência* do Estado de Direito.

A violação do monopólio estatal da força afeta o aparato jurídico institucional, que assegura a concorrência de partidos na corrida eleitoral e a realização de eleições livres, universais e pacíficas. Retomemos a proposição de que a urna é uma instância intermediária entre participação e representação, abertura e institucionalidade. Ao atingirem um alicerce do Estado de Direito, as armas na cabine eleitoral mostram quão entrelaçadas estão a dimensão da institucionalidade republicana e a dimensão da participação plebiscitária e igualitária. As armas na cabine perfuram a instituição — e, portanto, a representação — do voto livre, secreto e universal. Perfuram literalmente o espaço físico resguardado, cujo sigilo inviolável impede a pressão ou o constrangimento do eleitor por parte de terceiros. Perfuram também o espaço simbólico do foro íntimo, o espaço de exercício do juízo e da vontade. Nos vídeos em que o voto é digitado com o cano da arma, somos obrigados a testemunhar a substituição da vontade pela força, do direito pela bala.

A substituição do direito pela bala, no ato de votar, produz uma confusão, uma deturpação, do voto. O voto, mesmo que não seja mais vocalizado, ou escrito, mas pressionado com os dedos, pertence à metaforologia, ao campo semântico da "voz". Vem daí a afirmação, metafórica, de que o voto é um modo de "falar" (*voting is speech*), sugerida por juristas norte-americanos em um estudo em que argumentam que as restrições ao direito de voto ferem o direito constitucional da liberdade de expressão.[25] A afirmação reverbera em expressões correntes no vernáculo: a "voz das ruas", a "voz da razão", a "voz da autora". Na própria etimologia da palavra *voto* encontram-se as noções de promessa e de voz: "voto" vem do latim *votum*, particípio do verbo *vovere*, "prometer, jurar solenemente, fazer um voto (de castidade, por exemplo), fazer votos (de felicidade etc.)". Do voto com sentido religioso passou-se ao voto político, que era pronunciado solenemente em voz alta no senado romano. Por sinal, "voto" é da mesma origem que "voz", e em ambos os casos ocorre a ideia de fala. Por isso mesmo, criou-se a expressão aliterativa "direito a voz e voto".[26] Na história não só da palavra, mas também da instituição política do voto, perpetua-se, a despeito das transformações mediais e midiáticas, a metáfora da voz. As urnas "falam", mesmo que não emitam sons.

Ao longo da história, o voto podia ser anunciado de viva voz, publicamente, ou por escrito, em *ballotte*, cédulas ou bulas, secretamente. Este último modelo, introduzido pela República de Veneza no século XIII, deixou

---

[25] Armand Derfner e J. Gerald Hebert, "Voting is Speech", *Yale Law and Policy Review*, 34, 2, 2016, pp. 471-91.

[26] Aldo Bizzocchi, "A etimologia e as eleições", *Diário de um linguista: um blog sobre língua e outros assuntos*, 02/10/2018, disponível em <https://diariodeumlinguista.com/2018/10/02/a-etimologia-e-as-eleicoes/>.

marcas no sistema e no vocabulário eleitorais modernos, por exemplo, com a palavra inglesa *ballot*. A introdução do voto secreto, tal como o conhecemos, só ocorreu, no entanto, a partir da segunda metade do século XIX. Antes disso, competiam os sistemas escrito e oral de declaração do voto. No Brasil, o voto passou a ser escrito nas eleições para a Constituinte realizadas em 1822, segundo Jairo Nicolau, em seu livro *Eleições no Brasil: do Império aos dias atuais*.[27] O voto secreto começa a ser debatido em meados do século, mas a primeira medida para assegurá-lo só é adotada em 1876, com a recomendação de que a cédula depositada pelos votantes na urna "devia ser fechada por todos os lados".[28] Finalmente, em 1881, a Lei Saraiva dispôs que a mesa eleitoral devia ser separada do local de votação por uma divisória.[29]

Nesse brevíssimo apanhado da história do voto no Brasil é preciso ressaltar que a implementação do voto secreto é um triunfo do poder público e do sistema representativo. O vínculo entre liberdade e sigilo aparece com clareza em relatos de ameaça ou uso da força, por meio da intimidação de "capangas" de facções locais. No

---

[27] Jairo Nicolau, "Eleições no Império (1824-1989)", em *Eleições no Brasil: do Império aos dias atuais*, Rio de Janeiro, Zahar, 2012, p. 42.

[28] *Idem*, p. 43.

[29] *Idem, ibidem*.

clássico *Coronelismo, enxada e voto*, publicado originalmente em 1949, Victor Nunes Leal enxerga o fenômeno do coronelismo como um compromisso e um paradoxo. Seria "compromisso" resultante de troca de favores entre o "poder público, progressivamente fortalecido, e a decadente influência social dos chefes locais, notadamente dos senhores de terra", de um país cuja população era ainda predominantemente rural.[30] O "coronelismo" seria "paradoxal" porque "esses remanescentes de privatismo são alimentados pelo poder público, e isto se explica justamente em função do regime representativo, com sufrágio amplo, pois o governo não pode prescindir do eleitorado rural, cuja situação de dependência ainda é incontestável".[31]

Sem acesso a informações, em tudo dependente do senhor de terras, Leal considera "perfeitamente compreensível que o eleitor da roça obedeça à orientação de quem tudo lhe paga, e com insistência, para praticar um ato que lhe é completamente indiferente".[32] Residiria aí, no tipo de liderança exercida pelo coronel, que compreendia "com ou sem caráter oficial [...] extensas fun-

---

[30] Victor Nunes Leal, "Indicações sobre a estrutura e o processo do 'coronelismo'", em *Coronelismo, enxada e voto: o município e o sistema representativo no Brasil*, São Paulo, Editora Alfa-Omega, [1949] 1976, p. 20.

[31] *Idem, ibidem.*

[32] *Idem*, p. 36.

ções policiais" e numa determinada organização econômica e social rural o "voto de cabresto".[33] No período imediatamente anterior à publicação do seu livro, nas eleições realizadas em 1945 e 1947, Leal diz ter observado mudanças no panorama geral que traçou do eleitor rural: "No seio do próprio eleitorado rural verificaram-se 'traições' dos empregados aos fazendeiros".[34] Destacando a expansão do rádio e da propaganda radiofônica, da migração de trabalhadores do campo para atividades urbanas e a circulação de notícias da cidade para o campo, Leal associa as "traições" dos eleitores rurais à redução "da sua dependência em relação ao proprietário de terra".[35] Poderíamos acrescentar que o voto secreto, reiterado pelo Código Eleitoral de 1932, onde quer que tenha sido respeitado, favoreceu que, através das "traições" aos chefes locais, se realizasse a ampliação do direito de voto.

As armas sobre a urna, a intrusão da violência na cabine eleitoral traz à memória toda sorte de cerceamento, reinventa real e digitalmente o "voto de cabresto", propagando a violação da urna, ou seja, do "corpo", no sentido de instrumento, em que "se inscreve" o voto livre e secreto. (O ato de penetrar e devassar a cabine, com

---

[33] *Idem*, pp. 23-5.

[34] *Idem*, p. 36.

[35] *Idem*, p. 37.

o "cano" de revólveres, evoca, a um só tempo, a violência dirigida contra mulheres e um modelo de masculinidade que, em múltiplas, variadas e urbanas mutações, espelha a figura abrutalhada do "coronel" e de seus "capangas".) A reinvenção, ou melhor, a produção fantasmática do voto de cabresto e, junto com ele, a evocação de conjunturas histórico-sociais passadas, de vários modos de restrição ao voto, está na contramão dos processos que conduziram à ampliação do direito de voto, à realização do sufrágio universal, em suma, ao processo de democratização.

Na conclusão do seu livro *Eleições no Brasil: do Império aos dias atuais*, o cientista político Jairo Nicolau destaca três momentos fundamentais na implementação do sufrágio universal: a extinção do voto censitário em 1989, na Primeira República, a introdução do voto feminino, em 1932, e a extinção do "censo literário", com a consequente inclusão dos analfabetos — "São eleitores os brasileiros que, à data da eleição, contem dezoito anos ou mais, alistados na forma da lei".[36] Bem menos usual do que as restrições de renda ou propriedade, comuns em toda parte, a proibição de que adultos que não soubessem ler pudessem ser eleitores começou, no Brasil, ainda no Império (1882) e "sobreviveu a diversas mu-

---

[36] Emenda Constitucional nº 25 (de 15/05/1985), art. 147. Ver Jairo Nicolau, *Eleições no Brasil: do Império aos dias atuais*, op. cit., p. 125.

danças do regime político e a três Assembleias Constituintes (1891, 1933 e 1946)".[37] Somente com a extensão do direito de voto a analfabetos podemos dizer que o sufrágio universal se torna uma realidade no país.[38] Finalmente, o sistema eleitoral baseado no voto direto, tal como o conhecemos, "sufrágio universal *pelo voto direto* e secreto com valor igual para todos",[39] foi resultado de uma das maiores campanhas cívicas da história política do país: o movimento Diretas Já, organizado entre novembro de 1983 e abril de 1984 em dezenas de cidades do país. O movimento não garantiu a aprovação da Emenda Constitucional Dante de Oliveira no Congresso, mas teve uma importância enorme entre os fatores que determinaram o fim da ditadura militar e a convocação da Assembleia Constituinte. Em maio de 1985, o Congresso Nacional aprovou uma emenda constitucional restabelecendo o voto direto para a Presidência da República e as prefeituras.[40] O Diretas Já é exemplar, no contexto da nossa discussão sobre a urna, para se pensar a relação entre soberania popular e representação. Exem-

---

[37] *Idem*, p. 126.

[38] *Idem*, p. 125.

[39] Ver artigo 14 da Constituição: *Constituição da República Federativa do Brasil. 30 anos. Constituição da Cidadania*, Brasília, Senado Federal, Secretaria de Editoração e Publicação, 2018, p. 13.

[40] *Idem*, p. 120.

plar porque mostra que a vontade geral não se manifesta apenas no dia da votação, sendo condenada em seguida a estranhar-se com o poder. Pelo contrário, os cidadãos intervêm continuamente nos processos de formação da vontade política — seja através da apatia ou da participação — e podem ou não ser coletivamente capazes de criticar, controlar e pressionar os seus representantes e de intervir na lógica da representação.

### 4. Livros e a natureza do poder

Numa matéria publicada em 23 de outubro de 2018, cinco dias antes da votação do segundo turno, lia-se que a "atriz Elisa Lucinda sugeriu na noite desta terça-feira (23) que eleitores de Fernando Haddad (PT) compareçam às urnas com livros na mão em alusão ao voto no petista que é professor e foi ministro da Educação dos governos Lula". A proposta era apresentada como uma resposta às armas levadas às cabines de votação por eleitores de Bolsonaro. No dia seguinte, 24 de outubro, já circulavam as *hashtags* #LivroSIM e #ArmasNÃO nas redes sociais. No *post* de maior destaque no Twitter, vê-se Fernando Haddad numa sala de aula e, sobre a imagem do sorridente candidato, as palavras de reforço: "Tá rolando uma ideia que achei fantástica! Vamos todos no domingo votar com um livro na mão. Muito simbólico". A ideia que estava mesmo rolando solta literalmente tomou corpo e, na forma de livro impresso, portátil e sempre "carregado", ganhou as ruas [ver imagem 5].

Os livros que os eleitores de Haddad levaram para os locais de votação são suscetíveis de muitas interpretações. Eles convidam a muitas "leituras". Eis talvez o primeiro contraste com a visibilização "faroéstica" das pistolas, cuja utilidade mais universal é emudecer o alvo, encerrar o assunto de uma vez. Aqui, no entanto, é preciso enfatizar o significado da mobilização de livros *em resposta* às pistolas exibidas por eleitores de Bolsonaro. À semelhança de conceitos cujo sentido é inextricável de seus contraconceitos, o sentido da imagem das armas sobre a urna e da sua contraimagem reside na relação de oposição que travam entre si no contexto do processo eleitoral. Importa flagrar o sentido que os livros tomam *em contraposição* às pistolas. O eleitor com livro na mão associa o voto não ao poder da força, mas ao poder da linguagem e das letras. Num dos cartazes que circularam no dia da votação, a politização de livro em "armas" é explicitamente associada ao "desarmamento": "Eu me livro de armas e me armo de livros". Essa oposição entre força e linguagem arremata um conjunto de elementos da iconografia e da metaforologia do poder.

A imagem dos livros na cabine de votação reaviva um *tópos*, um lugar-comum, que remonta ao imaginário político do século XVI. Reaviva a oposição entre lingua-

Imagem 5:
Eleitoras de Haddad levam livros para os locais de votação no segundo turno das eleições presidenciais, 28/10/2018.

gem e força que se corporificou na figura chamada de "Hércules gaulês" e que impregnou a época, através de emblemas, ilustrações e pinturas postos em circulação pela nova tecnologia da imprensa. Refiro-me à imagem improvável de um Hércules que triunfa não pela força, mas pela eloquência. Uma portentosa língua-corrente, que lhe saía da boca e prendia uma pequena multidão pelos ouvidos [ver imagem 6], tornava visível o poder desse Hércules de conquistar e preservar um corpo político unificado através das palavras. A metáfora da língua-

-corrente, capaz de ligar entre si o governante e os governados pela força da persuasão e da lei, era inspirada em textos antigos, sobretudo romanos, de tradição republicana. Cultivado pelos humanistas como um modelo de governo, o Hércules gaulês encarnava meios de exercer e legitimar o poder em tudo antagônicos aos do modelo aristocrático então vigente, representado pelo governante guerreiro e corajoso [ver imagem 7]. Afeito ao debate entre iguais e ao império das leis, a figura do governante orador tomou forma em um momento de ascensão do Estado absolutista. Residia aí, na reflexão *ex negativo* dos fundamentos do poder, o seu questionamento da maquinaria simbólica e do ordenamento político.

O "Hércules" letrado e republicano acabaria atropelado pelo monarca absoluto e os teóricos da soberania. Mas a sua ênfase no poder da linguagem antecipa a democracia e o imaginário político modernos. Os livros dos eleitores e a língua do Hércules humanista atrelam o poder ao âmbito do público e reivindicam a separação entre linguagem e violência. São uma declaração sobre o meio, a natureza do poder e do político. Esta separação aparece, significativamente, no pensamento político de Hannah Arendt. Ao buscar compreender o âmbito do político, Arendt toma como ponto de partida justamente a distinção entre força e linguagem. A sua conceitualização do poder tem seu critério fundamental na dissociação entre violência e poder: para Arendt o poder

## Eloquence vault mieux que force.

L'arc en la main en l'autre la massue,
Peau de Lyon estant cy apperceue,
Pour Hercules me fait ce vieillard croire:
Mais ce qu'il ha marqué de si grand' gloire,
Que mener gens enchainez à sa langue,
Entendre veult, qu'il feit tant bien harengue,
Que les François pour ses ditz de merueilles,
Furent ainsi que pris par les oreilles.
Si donc il ha par loix & ordonnances
Rengé les gens, plustot que par vaillances,
Dira lon pas (comme c'est verité)
Que l'espee ha lieu aux liures quitté?
Et qu'vn dur cœur par sages mieux se renge,
Que gros effort son aspreté ne change?
Pource Hercules ne fait pas grandes forces:
Et si font gens apres luy grandes courses.

Imagem 6:
"A eloquência vale mais do que a força", mote do "Hércules gaulês"
no livro *Les Emblèmes de M. Andre Alciat*, Lyon, 1548.

envolve sempre a persuasão e o debate entre iguais, revela-se na capacidade humana de agir em concerto. É notável como a discriminação entre poder e violência de Arendt contrasta com a concepção do jurista Carl Schmitt, cujo polêmico legado, como o de Arendt, ainda hoje molda a teoria política. Schmitt estrutura o conceito do político a partir da distinção amigo *vs.* inimigo. Definido como um princípio de associação e dissociação, seria inerente ao binômio amigo *vs.* inimigo a "eventualidade real" do conflito violento.[41] Para Arendt, ao contrário, o político é intrinsecamente distinto da aplicação de força ou violência: "Para nós só é decisivo [...] [reconhecer] que a coação e a violência sempre foram meios empregados para fundar, proteger ou ampliar o espaço político, mas justamente enquanto tais não são em si mesmos políticos".[42]

Pela definição de Arendt, a capacidade de agir em concerto dos milhares de eleitores que foram às ruas empunhando livros seria uma clara demonstração de poder político. Através da ação e da fala dos eleitores formou-

---

[41] Carl Schmitt, *Der Begriff des Politischen. Text von 1932 mit einem Vorwort und drei Corollarien*, Berlim, Duncker & Humblot, [1932] 1963, pp. 33-4.

[42] Hannah Arendt, "Was ist Politik?", em *Was ist Politik? Fragmente aus dem Nachlass*, Ursula Ludz (org.), Munique/Berlim, Piper, [2003] 2015, p. 53 (tradução nossa).

Imagem 7:
O imperador Maximiliano I como modelo aristocrático
em xilogravura de Hans Burgkmair, 1518.

-se o que a filósofa chama de espaço de aparição (*Erscheinungsraum*), onde as pessoas não estão apenas presentes, mas aparecem "enfaticamente" umas para as outras.[43] Política, para Arendt, realiza-se neste espaço público de aparição, constituído performativamente. Com relação à orquestração da ação, saltam aos olhos as mídias envolvidas — digital, impressa e corporal — na realização do ato público. Em ação coletiva iniciada nas redes, eleitores saem às ruas com livros nas mãos; nas ruas, e em seguida em fotos postadas nas redes, os eleitores ostentam o título e a capa dos livros levados em procissão. Na imbricação de ruas e redes, livros e telas, a função política do livro é dupla e, aparentemente, contraditória. O livro identifica o eleitor a uma multidão de iguais, formando simbolicamente uma unidade, um "partido"; mas o livro também individualiza o eleitor, dando-lhe uma voz única na comunicação entre as ruas e a rede. O livro associa e unifica os eleitores de Haddad, ao mesmo tempo em que os individualiza e pluraliza. Além de ser uma declaração sobre a natureza do poder, o livro em procissão é uma encenação *sobre* a representação. De modo ultraesquemático, poderíamos dizer que, na democracia, há duas expectativas fundamentais em relação à re-

---

[43] Hannah Arendt, "Das Handeln", em *Vita activa oder vom tätigen Leben*, Munique, Piper Verlag, [1958] 2013, p. 250.

presentação: possibilitar a formação de uma vontade geral, com a decorrente redução da multiplicidade de vozes a uma unidade; e possibilitar a articulação da vontade dos cidadãos em sua irredutível heterogeneidade e singularidade.[44]

A *mise-en-scène* política dos livros não só ritualiza a participação eleitoral, mas também reflete sobre o papel da representação. Teóricos de diferentes tradições intelectuais têm chamado a atenção para os limites impostos à representação, à voz do eleitor na democracia. Para Jacques Derrida, não haveria democracia sem o reconhecimento da singularidade e da alteridade do indivíduo. Ao mesmo tempo, não haveria democracia sem constituição de uma "comunidade", contabilização de maiorias e equiparação de sujeitos. Este seria o paradoxo, irreconciliável e "trágico", da democracia.[45] Mas não seria talvez a interpretação que o filósofo dá ao paradoxo pouco paradoxal? Em vez de insistir no seu inelutável fim, não seria o caso de manter a contradição, que não se resolve, em aberto? Deste modo seria possível, como sugerem os

---

[44] Giuseppe Duso, "Einleitung", em *Die moderne politische Repräsentation. Entstehung und Krise des Begriffs*, Berlim, Duncker & Humblot, 2006, p. 12.

[45] Jacques Derrida, "Oligarchies: Naming, Enumerating, Counting", em *Politics of Friendship*, trad. George Collins, Londres, Verso [1994] 2005, p. 22.

eleitores com os livros na mão, enfatizar o paradoxo menos como *resultado* e mais como *meio* da reflexão, corroborando a sua inesgotável vitalidade.

Uma das estratégias para desdobrar um paradoxo é temporalizá-lo, isto é, torná-lo relativo ao tempo. Os livros nos locais de votação reconduzem o voto ao âmbito da linguagem e da circulação de discursos. Como instrumento simbólico do voto, o livro traz à tona o caráter processual da representação democrática. Na mão de eleitores, sugere que o processo de formação da vontade e do voto obviamente antecede o ato eleitoral — e provavelmente não se esgota nele. Assim, o livro lembra que a definição da vontade política é um processo no qual intervém um conjunto múltiplo e complexo de fatores, meios de comunicação, pesquisas de opinião e formas de associação. Longe de negar a centralidade das eleições, o livro, objeto-símbolo de tudo que intermedeia a formação e a circulação da vontade política, lembra que a voz do eleitor pode se expressar antes, durante e depois da eleição. O livro que entrelaça escrita e voz, fixação e mobilidade, mostra que o voto se articula através da linguagem e da circulação de vozes múltiplas e heterogêneas. É por isso que, para além da sua manifestação pontual nas eleições, as vozes individuais dos cidadãos continuam a ecoar em exuberante cacofonia, mas também podem se organizar coletivamente para criticar e controlar os representantes.

O livro, como artefato cultural e metáfora política, grita em muitas direções. Empunhado pelos eleitores contra as armas sobre a urna, ou seja, contra a violação do voto, o livro invoca a letra, o império da lei e, por conseguinte, o monopólio estatal da força, o Estado "curvado e limitado pelo direito".[46] Ao insinuar que a participação política se estende para antes e depois do voto, o livro faz uma declaração sobre a natureza da experiência e da prática democrática. Essa ênfase no caráter processual da formação de vontade coincide com a associação do livro à educação. A educação igual para todos aparece como alternativa às armas e à distribuição estupidamente desigual da violência. Nas mãos de eleitores, o livro sinaliza um determinado projeto de governo e de Estado, voltado para a distribuição de bens, não apenas materiais, mas também simbólicos. Expressa uma visão da democracia como projeto igualitário, não apenas político, mas também social. O estranho modo de ser do livro, fixado tipograficamente e desamarrado espacialmente, parece aderir à promessa democrática da igualdade de oportunidades e da liberdade de expressão.

Que o livro impresso seja, em plena era digital, usado como símbolo por excelência da educação e, portanto, do conhecimento — da sua produção, circulação e

---

[46] José Joaquim Gomes Canotilho, "Estado de Direito", em *Estado de Direito*, Lisboa, Gradiva, 1999, p. 2.

transmissão — dá o que pensar. Entre outras coisas, o livro levado em procissão faz pensar sobre o nexo entre democracia e tecnologias de comunicação. Sem dúvida, o uso político do livro impresso foi propagado pelo meio digital. O ato público dos eleitores se deu *através* de uma cadeia intrincada ligando o meio digital, o corpo na rua e o livro na mão. Mas, ao mesmo tempo em que constatamos a imbricação inelutável entre o que está *online* e o que existe *offline*, percebemos na imagem dos livros no dia da votação diferentes *estratos temporais*. Como se o livro e a tela tivessem marcas de nascença, cada um carrega uma história, uma cultura política própria. Fazendo um contraponto, poderíamos dizer que o meio impresso viabilizou — e, por isso, traz à memória — as instituições que deram origem à democracia;[47] já o meio digital, que dá provas da sua capacidade não só de ampliar, mas também de impedir o acesso livre e aberto à informação, põe em risco as bases institucionais da democracia.[48] Neste sentido, o tempo do livro e dos jornais não deixa de se contrapor ao tempo das *fake news* e das bolhas digitais.

Em seu livro clássico *Comunidades imaginadas*, Benedict Anderson argumentou que o "capitalismo impres-

---

[47] Jeanette Hofmann, "Mediated Democracy: Linking Digital Technology to Political Agency", *Internet Policy Review*, 8, 2, 2019.

[48] John Keane, "Media Decadence", em *Democracy and Media Decadence*, Cambridge, Cambridge University Press, 2013, p. 121.

so" do jornal e do livro introduziu meios que possibilitaram aos indivíduos imaginarem a si mesmos como integrantes anônimos de uma comunidade (*community in anonymity*).⁴⁹ A leitura matinal do jornal impresso, uma "extraordinária cerimônia em massa", ligava os indivíduos pela consciência de que a "cerimônia era reiterada por milhares (ou milhões) de outros, de cuja existência podiam ter certeza, mas de cuja identidade não faziam a menor ideia".⁵⁰ Ao abordar a nação moderna como uma comunidade *imaginada* entre anônimos, Anderson vincula a tecnologia impressa à criação de um domínio comum para o debate entre os cidadãos e a formação de uma esfera pública. Em *Twitter and Tear Gas* (2018), entre outras pesquisas afins, a socióloga Zeynep Tufekci examina como o meio digital afeta as interações sociais e o que chamamos comunidade, identidade e esfera pública. Tufekci caracterizou a esfera pública no século XXI como uma instância mediada pelas redes digitais (*networked public sphere*) não para postular a predominância do meio digital, mas para sublinhar que resulta da interação entre "públicos *online* e *offline*, interligados, múl-

---

⁴⁹ Benedict Anderson, "Cultural Roots", em *Imagined Communities. Reflections on the Origins and Spread of Nationalism*, Londres, Verso [1983] 2006, p. 36.

⁵⁰ *Idem*, pp. 35-6.

tiplos e complexos", cuja constituição se dá em escala transnacional e global.[51]

Com a reconfiguração da esfera pública pela tecnologia digital, transformou-se a esfera da ação política. O que se aprende com Tufekci sobre essa transformação é uma visão nuançada, mas inquietante. A celebrada "conectividade digital" teria assumido uma agilidade e eficácia inéditas na mobilização e organização de movimentos de protesto como a Primavera Árabe ou o *Occupy Wall Street*. No entanto, destituídos de organização formal e lideranças claras, esses e outros movimentos mostraram-se frágeis, tanto em relação a tomadas de decisão quanto à institucionalização de mudanças. Sem deixar de ponderar as suas limitações, Tufekci interpreta os movimentos políticos nascidos em uma "esfera pública mediada em rede" como evidências de que as tecnologias digitais podem servir à ampliação das oportunidades de participação e ação coletiva. Ao mesmo tempo, e já faz muitos anos, a pesquisadora chama a atenção para os riscos inerentes à expansão da vigilância oculta e da manipulação algorítmica de usuários da Internet. Em 2014, advertia para as consequências políticas da opacidade dos "públicos" criados de acordo com os interesses das pla-

---

[51] Zeynep Tufekci, "A Networked Public", em *Twitter and Tear Gas: The Power and Fragility of Networked Protest*, New Haven, Yale University Press, 2017, p. 6.

taformas privadas como Facebook, Google ou Twitter. A "opacidade de algoritmos e do controle privado de plataformas" leva os indivíduos a perceberem como uma esfera pública e aberta o que, de fato, não passa de uma aparição privada e exclusiva.[52] "Como público e cidadãos não sabemos jamais se estamos vendo a mesma informação ou o que qualquer outra pessoa está vendo. Sem uma base comum de informação, pouco a pouco, o debate público está se tornando impossível."[53]

O livro na mão dos eleitores é uma declaração sobre a esfera do público? Em sua resistente estabilidade tipográfica e informacional, ele faz vir de novo à memória a circulação de uma mesma "informação" ou mensagem. Sabemos que os livros carregados pelos eleitores ganharam visibilidade fora das redes sociais e dos círculos daqueles diretamente envolvidos. Não somente porque foram noticiados em canais de televisão, rádios e jornais, mas porque literalmente ganharam as ruas no dia da eleição. Contudo, na fragílima "esfera pública em rede", entrecortada por bolhas, algoritmos e *fake news*, reinam a

---

[52] Zeynep Tufekci, "Engineering the Public: Big Data, Surveillance and Computational Politics", *First Monday*, 19, 7, 2014.

[53] Palestra proferida por Tufekci a convite da plataforma *TED: Ideas Worth Spreading*, disponível em <https://www.youtube.com/watch?v= iF-TWM7HV2UI>. O trecho que transcrevemos e traduzimos começa aos 15 minutos e 38 segundos.

inacessibilidade do comum e a transmissão de ecos. E as ruas, praças, parques e oceanos estão emaranhados nas redes. A artilharia simbólica dos livros, na melhor das hipóteses, pode nos ajudar a perguntar como valores e direitos nascidos na época da praça pública e do prelo podem sobreviver na era digital. No entanto, os "livros" não são "respostas". Seria preciso discutir e deliberar sobre os meios para emancipar a formação do público diante da engenharia a serviço de plataformas privadas. O controle digital já introduziu os meios para a redução da política à certeza algorítmica e à automatização das decisões. Seria preciso agir em espaço aberto contra essa violação do voto e da democracia.

## 5. Prolongação no presente

Os símbolos mobilizados nas eleições presidenciais de 2018 foram premonitórios do governo do candidato que, afinal, se elegeu. Em retrospecto, vemos que as imagens-síntese da disputa eleitoral prolongam-se até o presente. As tomadas de posição em relação à democracia, evidenciadas na disputa pela urna, instrumento e metáfora da democracia, retesaram-se. As ações do governo atualizam continuamente o antagonismo entre armas e livros. Já mencionamos a facilitação da aquisição e do porte de armas de fogo que o governo promove. A liberalização das armas e a consequente erosão do monopólio estatal da força são coerentes com a ascensão do milicianismo, longamente abraçado por Bolsonaro e sua família.[54] Falta lembrar que, enquanto reduz a tributação sobre as armas — "zera imposto de importação de revólver e pistola" —,[55] o governo quer introduzir a taxação de livros. Desde 1946, com a aprovação da proposta do então deputado constituinte Jorge Amado, os livros são isentos de impostos. Agora, em documento divulgado pela equipe econômica sobre a reforma tributária, o governo incluiu os livros entre os itens que estariam sujeitos à taxação. Depois de ser duramente criticado, o ministro da Economia contemporizou a proposta, prometendo que "o governo dará livros de graça para os pobres".[56] Além de restringir o acesso aos livros, encarecen-

---

[54] Bruno Paes Manso, "O elo entre o passado e o futuro", em *A República das milícias: dos esquadrões da morte à era Bolsonaro*, São Paulo, Todavia, 2020, pp. 37-68.

[55] Ver a matéria "Governo zera imposto de importação de revólver e pistola", publicada em 09/12/2020 no portal da *Deutsche Welle*: <https://www.dw.com/pt-br/governo-zera-imposto-de-importa%C3%A7%C3%A3o-de-rev%C3%B3lver-e-pistola/a-55885328>.

[56] Ver o texto de Luiz Schwarcz, "A falácia de Paulo Guedes sobre a taxação de livros", publicado na *Folha de S. Paulo* em 10/08/2020: <https://www1.folha.uol.com.br/mercado/2020/08/a-falacia-de-paulo-guedes-sobre-a-taxacao-de-livros.shtml>.

do-os, o governo quer privar o público de escolher o que ler, tutelando-o.[57]

A política de taxação do governo sobre armas e livros fala por si mesma. Em sua oposição simétrica ensina como as normas podem estar ligadas à constituição — ou à destruição — de espaços de ação. Nas medidas de liberalização do acesso às armas e da restrição à circulação dos livros cristaliza-se a posição em relação à democracia e à natureza do poder claramente anunciada nas eleições. A iconografia política das eleições já havia demonstrado que no centro do ataque bolsonarista estava não apenas a urna, em geral, o símbolo-chave da democracia representativa, mas a urna eletrônica, o instrumento que aprimorou a realização das eleições. Introduzida nas eleições de 1996, o voto eletrônico foi decisivo para "a extinção das fraudes eleitorais no Brasil, [que aconteciam] sobretudo durante o processo de apuração dos votos".[58] Embora as evidências apontem na direção contrária — o Tribunal Superior Eleitoral aplica regularmente testes de segurança —, Bolsonaro afirma que a

---

[57] Ver a reportagem de Ralph Machado, "Leitores e editores criticam taxação sobre livros", publicada no portal da Câmara dos Deputados em 26/04/2021: <https://www.camara.leg.br/noticias/750873-leitores-e-editores-criticam-taxacao-sobre-livros-em-reforma-tributaria/>.

[58] Jairo Nicolau, "Democracia atual (1985-2012)", em *Eleições no Brasil: do Império aos dias atuais*, op. cit., p. 136.

urna eletrônica não seria passível de auditoria e, portanto, estaria sujeita à fraude. A crítica não é novidade. Nas últimas eleições, o então candidato declarou que só aceitaria os resultados caso vencesse. Finalmente, em 13 de maio de 2021, conseguiu que a Câmara instalasse uma comissão para analisar a proposta de emenda constitucional que reintroduziria o comprovante impresso do voto.[59] Penso que a recusa da tecnologia eletrônica a serviço da democracia é paradigmática. A negação da tecnologia eletrônica como instrumento da soberania popular está associada à negação da natureza humana, secular, da democracia: "Quem me colocou aqui foi Deus; só ele me tira daqui". A urna e, de forma ainda mais acabada, a urna eletrônica delimitam o ponto de entrada e de saída da vontade popular. Asseguram que a delegação e a representação do poder são fabricações humanas, o desenlace de conflitos e ações históricas. A rejeição da urna eletrônica é, na verdade, a rejeição das instâncias intermediárias entre participação e representação, isto é, das instituições conquistadas historicamente para garantir que o voto prevaleça sobre a força.

---

[59] Cf. <https://www.camara.leg.br/noticias/758797-camara-instala-nesta-quinta-comissao-especial-para-analisar-pec-sobre-voto-impresso/>.

# Posfácio

*Newton Bignotto*

Ao final da leitura do livro de Luciana Villas Bôas, o leitor tem o sentimento de que acabou de visitar uma terra conhecida, mas que dessa vez foi tomado pelo sentimento de ter sido exposto a uma nova iluminação da paisagem que julgava lhe ser familiar. De fato, o ponto de partida do texto é o cotidiano político e social brasileiro dos últimos anos, que foi chacoalhado por uma série de eventos radicais que o tornaram quase irreconhecível para os que acreditavam que a democracia havia se consolidado entre nós. Ao olhar, no entanto, para os tempos atuais, marcados por um governo que escapa dos parâmetros tradicionais usados para pensar os regimes políticos, vemos que o tempo sofreu uma aceleração, que embaralhou nossa visão acostumada a se servir de instrumentos teóricos focados nas instituições para apreender o funcionamento das sociedades contemporâneas e seus desenvolvimentos.

A autora não desconhece que as ciências sociais e políticas se servem amplamente de um sofisticado aparato matemático para investigar a marcha dos acontecimentos. A tentativa de capturar o sentido das ações humanas por meio do emprego da estatística e do cálculo probabilístico já estava presente no cenário intelectual desde o século XVIII. Condorcet, grande matemático e constitucionalista da Revolução Francesa, e que muitos consideram como o último grande iluminista de seu tempo, foi pioneiro em tentar entender o mecanismo que rege as eleições. Defensor da ideia de que as repúblicas modernas não poderiam viver sem lançar mão dos mecanismos de representação, ele julgou necessário compreender como se dava a dinâmica da escolha dos representantes e se era possível prever o resultado de uma eleição. No século seguinte, Adolphe Quételet expandiu o escopo das investigações de seu predecessor para o campo mais amplo da natureza humana e de suas manifestações sociais. Diante da variedade e da complexidade dos comportamentos humanos, o escritor francês acreditava que só o uso da matemática podia nos tirar da perplexidade que sentimos diante da infinidade de variáveis que parecem presidir o agir humano.

A intuição desses pioneiros foi seguida pelos cientistas sociais contemporâneos. Hoje, qualquer processo eleitoral é objeto de um grande número de enquetes, que procuram estudar o universo dos votantes em suas várias facetas. A sociologia e as ciências políticas realizaram o sonho de Quételet e passaram a se servir do cálculo de probabilidades como uma das ferramentas mais poderosas para entender o funcionamento das sociedades de massa. Luciana Villas Bôas não desconhece e nem deixa de recorrer a autores que são herdeiros dos sonhos dos que estiveram na origem dos métodos dominantes hoje em dia nas ciências sociais. Uma prova é a maneira precisa e elegante do uso que faz das pesquisas de um cientista como Jairo Nicolau, grande conhecedor dos processos eleitorais brasileiros.

A força do livro vem, no entanto, do fato de que a autora sabe combinar o respeito ao trabalho de nossos cientistas sociais com visões inovadoras do sentido dos acontecimentos que sacodem o Brasil depois da eleição de Bolsonaro em 2018. É desnecessário resumir o caminho que o leitor acaba de percorrer. No amplo campo de investigação desbastado pela autora, alguns achados são preciosos. Eles alargam nossa compreensão para além dos horizontes descobertos pela aplicação de métodos matemáticos dos fenômenos sociais. Não se trata, é preciso insistir, de contrariar os resultados obtidos por outros pesquisadores, mas sim de mostrar que ao lado deles há aspectos importantes que ficam de fora das análises pelo fato de não corresponderem a objetos tratáveis por cálculos e hipóteses estatísticas.

Para escapar das limitações impostas pelo recurso a esses métodos, a autora escolhe se aproximar do pensamento de um dos filósofos políticos mais importantes de nosso tempo, Claude Lefort. Para esse autor, a democracia é um regime aberto ao tempo, incapaz de se fixar em formas imutáveis, que lhe garantiria a resistência ao fluxo da história. Ao contrário, a democracia está sempre em perigo, pois está sempre sujeita à instabilidade do agir. De seu interior nascem grandes transformações sociais, que construíram o Estado de Direito, tal como o entendemos, o sufrágio universal, o reconhecimento dos direitos das minorias. De suas entranhas podem também surgir os regimes totalitários que a ameaçam como um contraponto impossível de ser descartado. O regime democrático é, para Lefort, um regime aberto, sujeito à contingência e aos riscos inerentes ao agir humano. O aspecto que mais interessa Luciana é justamente a indeterminação que sempre ronda a vida democrática e que exige do estudioso uma abertura para os múltiplos campos da experiência histórica.

Partindo da indeterminação intrínseca da ação política, o livro se abre para investigações nada convencionais da vida política. Ao lado das análises mais tradicionais da dinâmica das instituições, ele aborda o problema da imagem, do simbólico, da linguagem ordinária. Literatura e ciências políticas, filosofia e estudo dos símbolos se unem para forjar um novo caminho para o real da política. Ao fazer da imagem das armas sobre as urnas um dos esteios de sua investigação, a autora não está recusando o resultado de pesquisas empíricas sobre as eleições.

Ela está mostrando que tais enquetes são insuficientes para compreender o significado das transformações que colocam em risco os valores da democracia. Não basta, para Luciana, olhar para as instituições e buscar os sinais quase mecânicos de seu funcionamento, ou de seu desfuncionamento. É preciso ir mais longe e capturar com outras ferramentas os indicadores da catástrofe que o governo Bolsonaro impõe ao país. Para isso, o recurso às imagens se mostra muito mais eficaz.

Entrando pelas portas da residência oficial da presidência, escrutando os gestos, as vestimentas, os olhares para as câmeras de televisão, Luciana descobre significados diferentes dos que são normalmente atribuídos ao comportamento privado do ocupante do poder. Para a autora, quando o presidente escolhe se deixar fotografar de chinelos, ou abusa da linguagem chula, ele não está se valendo do direito à privacidade que rege a vida dos cidadãos comuns em suas vidas cotidianas. Ele está utilizando o espaço privado para fazer política e para entrar na casa dos brasileiros por vias indiretas. Bolsonaro se revela tanto no que diz na porta do palácio a seus apoiadores quanto pelo que supostamente faz quando está no seu interior. Para compreender o alcance público do comportamento privado, Luciana lança mão de um sofisticado arsenal teórico. Seu olhar se detém sobre as palavras, símbolos e gestos que alteram a representação do poder. Para ela, o exercício do poder não se restringe ao uso das prerrogativas legais e nem somente ao emprego da força. Ele se realiza também na produção simbólica. O presidente ocupa a superfície do campo de visão para criar uma imagem positiva de si mesmo e obstaculizar o olhar dos que querem desvendar suas entranhas. Mantendo o foco das atenções no que supostamente é supérfluo, Bolsonaro atua num plano essencial do poder que é sua representação. Ao embaralhar o público e o privado, ele aumenta o alcance de sua interferência na vida política colocando-a sob a égide de suas extravagâncias. Hannah Arendt já mostrou que um dos efeitos da implantação de um regime totalitário num país é a fusão das esferas públicas e privadas e a destruição da política em suas dimensões de liberdade e igualdade. Quando isso ocorre já não basta olhar para os mecanismos institucionais para apreender o sentido dos acontecimentos que arrasam o espaço público.

Sem pretender antecipar o que vai acontecer, Luciana Villas Bôas mostra as possibilidades inscritas nas ações concretas do presidente. Servindo-se de análises de aspectos múltiplos da realidade atual, o livro nos abre para a compreensão dos riscos que corre a democracia brasileira e para os caminhos que podem levar à sua destruição.

# Bibliografia

## A República de chinelos

Bickford, Susan. "Constructing Inequality: City Spaces and the Architecture of Citizenship", *Political Theory*, 28, 2000, pp. 355-76.

*Cerimonial e protocolo de eventos*, Brasília, Secretaria de Planejamento Orçamento e Gestão. Disponível em: <http://egov.df.gov.br/wp-content/uploads/2018/03/Apostila-2.pdf>. Acesso em: 10/10/2020.

*Constituição da República Federativa do Brasil. 30 anos. Constituição da Cidadania*. Brasília: Senado Federal, Secretaria de Editoração e Publicação, 2018.

Hille, Christiane. "Herrscherinsignien", in *Politische Ikonographie. Ein Handbuch*, Uwe Fleckner, Martin Warnke, Hendrik Ziegler (orgs.), t. 1. Munique: C. H. Beck, 2014, pp. 491-8.

Laudo nº 1242/2020 — Instituto Nacional de Criminalística, DITEC, Polícia Federal, Laudo de Perícia Criminal Federal (Registro de Áudio e Imagens), Inquérito nº 43831, STF. Disponível em: <https://veja.abril.com.br/wp-content/uploads/2020/05/laudo-digitalizado_220520201218.pdf>.

Lüdemann, Susanne. "Beobachtungsverhältnisse", in *Des Kaisers neue Kleider. Über das Imaginäre politischer Herrschaft*, Thomas Frank, Albrecht Koschorke, Susanne Lüdemann (orgs.). Frankfurt a.M.: Fischer Taschenbuch Verlag, 2002, pp. 85-94.

McLuhan, Marshall. *Understanding Media: The Extensions of Man*. Berkeley: Gingko Press, [1964] 2013.

Mitchell, William J. T. "Showing Seeing: A Critique of Visual Culture", *Journal of Visual Culture*, I, 2002, pp. 165-81.

Müller, Jan-Werner. "What Spaces Does Democracy Need?", *Soundings: An Interdisciplinary Journal*, 102, 2-3, 2019, pp. 203-16.

## Armas sobre a urna

Anderson, Benedict. "Cultural Roots", in *Imagined Communities. Reflections on the Origins and Spread of Nationalism*. Londres: Verso [1983] 2006, pp. 9-36.

Anter, Andreas. "Repräsentation und Demokratie", in *Philosophie der Republik*, Benno Zabel e Pirmin Stekeler-Weithofer (orgs.). Tübingen: Mohr Siebeck, 2018, pp. 67-78.

Arendt, Hannah. "Was ist Politik?", in *Was ist Politik? Fragmente aus dem Nachlass*, Ursula Ludz (org.). Munique/Berlim: Piper, [2003] 2015, pp. 9-133.

_____. "Das Handeln", in *Vita activa oder vom tätigen Leben*. Munique: Piper Verlag, [1958] 2013, pp. 213-317.

Bizzocchi, Aldo. "A etimologia e as eleições", *Diário de um linguista: um blog sobre língua e outros assuntos*, 02/10/2018. Disponível em: <https://diariodeumlinguista.com/2018/10/02/a-etimologia-e-as-eleicoes/>. Acesso em: 20/04/2021.

Canotilho, José Joaquim Gomes. "Estado de Direito", in *Estado de Direito*. Lisboa: Gradiva, 1999, p. 2. Disponível em: <https://egov.ufsc.br/portal/sites/default/files/anexos/32571-39731-1-PB.pdf>.

Costa Lima, Luiz. "O controle do imaginário", in *Trilogia do controle*. Rio de Janeiro: Topbooks, 2007.

Dellagnezze, René. "A força do direito e o direito ao uso da força pelo Estado", *Âmbito Jurídico*, 152, 2016. Disponível em: <https://ambitojuridico.com.br/edicoes/revista-152/a-forca-do-direito-e-o-direito-ao-uso-da-forca-pelo-estado/>.

Derfner, Armand; Hebert, J. Gerald. "Voting is Speech", *Yale Law and Policy Review*, 34, 2, 2016, pp. 471-91.

Derrida, Jacques. "Oligarchies: Naming, Enumerating, Counting", in *Politics of Friendship*, trad. George Collins. Londres: Verso [1994] 2005, pp. 1-25.

Diehl, Paula. "Der leere Ort der Macht und die Verbannung der Verkörperung: Repräsentationstheorien und Körpermodelle der Demokratie", in *Das Symbolische, das Imaginäre, und die Demokratie. Eine Theorie politischer Repräsentation*. Baden-Baden: Nomos, 2015, pp. 133-82.

Dreier, Horst. "Das Problem der Volkssouveränität", in *Philosophie der Republik*, Benno Zabel e Pirmin Stekeler-Weithofer (orgs.). Tübingen: Mohr Siebeck, 2018, pp. 37-56.

Duso, Giuseppe. *Die moderne politische Repräsentation. Entstehung und Krise des Begriffs*. Berlim: Duncker & Humblot, 2006.

Hofmann, Jeanette. "Mediated Democracy: Linking Digital Technology to Political Agency", *Internet Policy Review*, 8, 2, 2019. Disponível em: <https://doi.org/10.14763/2019.2.1416>.

"Governo zera imposto de importação de revólver e pistola", 09/12/2020, *Deutsche Welle*. Disponível em: <https://www.dw.com/pt-br/governo-zera-imposto-de-importa%C3%A7%C3%A3o-de-rev%C3%B3lver-e-pistola/a-55885328>.

Keane, John. "Media Decadence", in *Democracy and Media Decadence*. Cambridge: Cambridge University Press, 2013, pp. 109-90.

Leal, Victor Nunes. "Indicações sobre a estrutura e o processo do 'coronelismo'", in *Coronelismo, enxada e voto: o município e o sistema representativo no Brasil*. São Paulo: Alfa-Omega, [1949] 1976, pp. 19-57.

Claude Lefort, "La dissolution des repères et enjeu démocratique", em *Humain à l'image de Dieu: la théologie et les sciences humaines face au problème de la anthropologie*, Pierre Bühler (org.). Genebra: Labor et Fides, 1989, pp. 89-108.

_____. "The Question of Democracy", in *Democracy and Political Theory*, trad. David Macey. Cambridge: Polity Press, [1986] 1988, pp. 9-20.

_____. *L'invention démocratique: les limites de la domination totalitaire*. Paris: Fayard, 1981.

Machado, Ralph. "Leitores e editores criticam taxação sobre livros", Portal da Câmara dos Deputados, 26/04/2021. Disponível em: <https://www.camara.leg.br/noticias/750873-leitores-e-editores-criticam-taxacao-sobre-livros-em-reforma-tributaria/>.

Madison, James; Hamilton, Alexander; Jay, John. *Federalist Papers*, Primary Documents in American History, Full Text of the Federalist Papers, Library of Congress, EUA. Disponível em: <https://guides.loc.gov/federalist-papers/full-text>.

Manso, Bruno Paes. "O elo entre o passado e o futuro", in *A República das milícias: dos esquadrões da morte à era Bolsonaro*. São Paulo: Todavia, 2020, pp. 37-68.

Nicolau, Jairo. *Eleições no Brasil: do Império aos dias atuais*. Rio de Janeiro: Zahar, 2012.

Rousseau, Jean-Jacques. *O contrato social*, trad. Antonio de Padua Danesa. São Paulo: Martins Fontes, 1989.

Schmidt, Manfred G. "Vorläufer moderner Demokratietheorien", in *Demokratietheorien. Eine Einführung*. Munique: Wilhelm Fink, 1995, pp. 19-114.

Schlegel, Friedrich. "Der universelle Republikanismus. 1796. Veranlasst durch die Kantische Schrift zum ewigen Frieden", in *Schriften und Fragmente*, Ernst Behler (org.). Stuttgart: Körner, 1956, pp. 292-301.

Schmitt, Carl. *Der Begriff des Politischen. Text von 1932 mit einem Vorwort und drei Corollarien*. Berlim: Duncker & Humblot, [1932] 1963.

Schwarcz, Luiz. "A falácia de Paulo Guedes sobre a taxação de livros", *Folha de S. Paulo*, 10/08/2020. Disponível em: <https://www1.folha.uol.com.br/mercado/2020/08/a-falacia-de-paulo-guedes-sobre-a-taxacao-de-livros.shtml>.

Tufekci, Zeynep. "A Networked Public", in *Twitter and Tear Gas: The Power and Fragility of Networked Protest*. New Haven: Yale University Press, 2017, pp. 3-27.

_____. "Engineering the Public: Big Data, Surveillance and Computational Politics", *First Monday*, 19, 7, 2014. Disponível em: <https://doi.org/10.5210/fm.v19i7.4901>.

Warburg, Aby. "Heidnisch-Antike Weissagungen in Wort und Bild in Luthers Zeiten", in *Werke in einem Band*, Sigrid Weigel *et al.* (orgs.). Frankfurt a.M.: Suhrkamp, [1920] 2010, pp. 424-91.

Wiegand, Marc André. "Demokratische Narrative und republikanische Ordnung", in *Philosophie der Republik*, Benno Zabel e Pirmin Stekeler-Weithofer (orgs.). Tübingen: Mohr Siebeck, 2018, pp. 11-36.

# Sobre a autora

Luciana Villas Bôas nasceu na cidade do Rio de Janeiro e cursou a graduação e o mestrado em Letras na Pontifícia Universidade Católica do Rio de Janeiro. Doutora em Germanística e Literatura Comparada pela Columbia University, de Nova York (2005), é professora do Departamento de Letras Anglo-Germânicas da Universidade Federal do Rio de Janeiro desde 2009, e membro permanente do Programa de Pós-Graduação em Ciência da Literatura, da UFRJ, e do Programa de Pós-Graduação em Língua e Literatura Alemã da Universidade de São Paulo.

É autora de *Wilde Beschriftungen. Brasiliens historische Semantik in der Frühen Neuzeit* (Königshausen & Neumann, 2017) e de *Encontros escritos: semântica histórica do Brasil no século XVI* (Editora da UFRJ, 2019). Publicou também inúmeros artigos sobre a primeira literatura e iconografia do Novo Mundo em periódicos nacionais e internacionais, traduziu obras de Reinhart Koselleck, Jürgen Habermas e Hannah Arendt, e organizou coletâneas, sobretudo, na área de História dos Conceitos e de História Intelectual. Atualmente trabalha nos originais do livro *Writing Dissent: Hans Staden's Book and Early Colonialism*, e na pesquisa de um novo projeto, *Utopias letradas: o Novo Mundo e o imaginário político moderno*.

Este livro foi composto em Adobe Garamond e Imago
pela Franciosi & Malta, com CTP da New Print e impressão da Graphium
em papel Pólen Soft 80 g/m² da Cia. Suzano de Papel e Celulose
para a Editora 34, em março de 2022.